超譯尼采

前言

尼采是位與眾不同的哲學家

生於十九世紀後半，歿於二十世紀初（一八四四～一九〇〇）的德國哲學家尼采，二十四歲就被聘為巴塞爾大學教授，但任教僅十年，便因為生病療養的關係，辭去教職，周遊歐洲各地，創作他獨特的論述。

尼采的著作中，最廣為人知的就是《查拉圖斯特拉如是說》。就算沒聽過這部著作，也應該聽過理查·史特勞斯作曲的《查拉圖斯特拉如是說》，這首曲子是電影《二〇〇一太空漫遊》的主題曲。

雖說尼采是哲學家，但他不是那種思索、論述抽象難解事物的人，他只是批判當時的基督教道德，極力主張最重要的是現世的真理、善、以及道德。也就是說，他是為活在現世的人們創造哲學思想。

尼采之所以留名後世，是因為他那敏銳的洞察力。將其獨特的觀點、盎然的生命力、不屈的靈魂、高傲的意志，化為一句句名言與短文，打動許多人的心。

尤其是簡短的警句與短文，更是彰顯他那不凡的思考力。本書特別從中挑選反映現代人心靈層面的佳句短文，加以編纂成冊。

尼采的哲學，應該說獨特的思想，不同於康德和黑格爾的文體宏大，多是以熱情文思綴成的短句與短文。

雖說是短句，卻充滿尼采式的發想魅力，好比這樣的論述：「人類的肉體存在著莫大的理性，還有稱為精神的小理性。」如此大膽的發想，確實帶有藝術般迷人的魅力，不是嗎？

若是像康德那般耿直的哲學家，肯定會論述自己為何這麼說的理由，但尼采只是輕描淡寫地丟出一個發想而已，就這點來說，比起哲學家的頭銜，他更像藝術家。

從古至今，對於尼采的流言蜚語與誤解，從未斷過。譬如，批評他的觀點是納粹思想的根本，散布虛無主義哲學，主張反猶太主義等。

批評希特勒與納粹分子深受尼采影響的說法，簡直是惡意中傷。希特勒和納粹分子都是那種為了填補內心的空虛，恬不知恥地曲解各種領域的思想，藉以虛張聲勢。

也有可能是因為尼采的妹妹曾向納粹分子靠攏，所以崇尚馬克斯主義的匈牙利哲學家盧卡基才會提出尼采是納粹主義先驅的說法，加深世人對尼采的誤解。

批評尼采是反猶太主義者，其實有欠公允，應該說他反宗教比較恰當。尼采到底討厭宗教的哪一點呢？概括說來，就是對於宗教這般另一個世界的東西，也就是神與那個世界，對道德尺度予取予求的態度，十分反感吧。而且不僅如此，尼采思考的是更貼近現世人類必須具有的道德觀，因此尼采的思想被稱為「存在主義的先驅」。

所以尼采不是主張虛無主義的哲學家，反倒是批評虛無主義最厲害的人。*nihilism*（虛無主義），*nihil*在拉丁文是「無」的意思，虛無主義認為這世界沒有絕對價值與真理的存在。現代社會可說是虛無主義時代，因為價值相對化（相對價值）而失去了最根本的價值。

其實對現代人來說，金錢與利潤就是絕對價值，要是找不到絕對價值，內心就會惶惶不安。

直到十九世紀為止，基督教道德就是西歐的絕對價值與真理。然而尼采認為，基督教道德只是一種叫人相信虛無價值的宗教罷了。這種道德是假的，不是為活著的人們設想的宗教。

那麼，金錢和利潤就是現代社會的新絕對價值嗎？尼采批評這只是替代神的一種價值，只是為了逃離虛無主義所創的一種新虛無主義。

摘自《查拉圖斯特拉如是說》裡的一句話：「我們在永遠的『無』中漂流，不是嗎？」此外，他的遺稿《權力意志》裡也有一句話：「對於現今道德的懷疑，將會席捲這世界吧！」彷彿預言了當今現況。

尼采的哲學觀點絕對沒有那麼艱澀難懂，只要試著閱讀一下，就能感受到一股莫名的興奮感。當然最大的目的，不是讓讀者感到興奮，而是給予刺激，讓大家都能思考人生的意義，這就是尼采的最大魅力。

超譯尼采　目錄

目錄

I 己

從尊敬一事無成，毫無成就的自己開始

II

喜　讓自己更喜悅吧

III 生 請選擇不被欲望操控的人生

Ⅳ 心 為何心靈自由的人，都是智者呢

VI 世 別被外來的力量牽著鼻子走

VIII 愛 身心一致才是真正的愛

IX 知 沒必要建立一套屬於自己的哲學

X 美 人的價值在於要往哪兒去

I

己

über die Selbstheit

從尊敬一事無成，毫無成就的自己開始。

從尊敬一事無成，毫無成就的自己開始。

尊敬自己，才能擁有改變的力量

千萬不要妄自菲薄，否則只會束縛自己的思想與行為。

一切就從尊敬自己開始，尊敬一事無成，毫無成就的自己。

只要懂得尊敬自己，就不會為非作歹，做出讓人輕蔑的行為。

只要改變生活方式，便能更接近自己的理想，成為別人學習的榜樣。還能大幅拓展自己的潛力，得到達成目標的力量。唯有尊敬自己，才能活得更精采。

《權力意志》

不要在乎名聲

世人都很好奇別人如何評價自己。希望讓別人留下好印象，覺得自己很偉大，更看重自己。其實不必在意別人的評價，那只有百害而無一利。為什麼呢？因為人總是會做出錯誤的評價，所以很難從別人口中得到令人滿意的答案，失望也就成了理所當然的事。為了不讓自己有生不完的氣，絕對不能在乎自己的名聲，也不能在意別人的評價。否則你就會安於「部長」、「社長」、「老師」這些頭銜，渾然不知自己成了別人的眼中釘。

《人性的，太人性的》

002

不必在意別人的評價，那只有百害而無一利。

當你覺得自己不中用或憎恨別人時，就該好好休息。

別在疲憊不堪時，反省自己

也許你是在工作結束後，反省自己；或是一天結束時，回顧省思。這麼一來，你就會注意到自己和別人的缺點，氣自己的無能，憎恨別人，心情反而更鬱悶。

為什麼會這樣呢？因為你不是在冷靜地反省自己，只是身心疲累罷了。疲累時進行反省，只會讓自己掉進鬱悶的陷阱。所以疲累時，不該省思回顧，更不該寫日記。

當你熱衷於某件事，或是心情愉快時，是不可能回顧省思的。因為當你覺得自己不中用或是憎恨別人，表示身心處於疲累狀態，這時候就該好好休息。

《曙光》

睡眠是最好的調節方法

當你情緒低落，對一切感到厭煩，做什麼都提不起勁時，該怎麼做才能提振精神呢？

賭博？參加宗教活動？時下流行的芳香療法？吃維他命？旅行？喝酒？這些方法都比不上飽餐一頓，好好地睡一覺來得有用，而且要睡得比平常久一點。

當你醒來時，就會發現自己煥然一新，充滿活力。

《漂泊者及其影子》

自我表現的三種方式

自我表現就是展現自己的力量，大略分為以下三種方式：

贈與。

譏諷。

破壞。

給予對方愛與憐惜，是展現自我力量的方式；詆毀、欺負、迫害對方，也是展現自我能力的方式，你會選擇哪一種呢？

《曙光》

人生最重要的事，就是找到自己的專長

每個人都有一技之長，而且是專屬自己的長處。

有些人很早就發現自己的專長，並活用專長成就事業；有些人則是一輩子都搞不清楚自己究竟有何本領。

有些人靠自己的力量，找到自己的專長；有些人則是邊觀察社會趨勢，邊摸索自己有何本領。

總之，只要有堅強的意志，勇於挑戰的話，總會找到自己的一技之長。

《人性的，太人性的》

懂得克制，才能主宰自己的行為

切忌自以為是。別以為知道「自制心」這字眼，就能做到自制。自制必須拿出實際行動才行。

要求自己每天克制一件小事。要是無法做到這一點，根本稱不上有自制心。小事上無法自制的人，面對大事更不可能自制。

學會自制，才能駕馭自我，不受盤踞在內心的欲望控制，更不會被欲望左右，確實主宰自己的行為。

《漂泊者及其影子》

弄清楚動機，才能找到方向

即使讀再多理論方面的書，學會企業家、有錢人的處事方法，還是找不到適合自己的做法。就像同一種藥，不見得適合每個人的體質。同樣的，別人的做法也不見得適用於自己。

問題就在於你完全不明白自己出於什麼樣的「動機」。為什麼想做這件事？為什麼希望得到那個東西？為什麼想成為那樣的人？為什麼想朝那個方向發展？從來沒有好好思考過自己的動機，當然抓不到正確方向。

只要搞清楚自己的「動機」，馬上就知道下一步該怎麼做。不必浪費時間模仿別人，找到自己要走的方向，堅定地走下去就對了。

《偶像的黃昏》

任何一個不起眼的行為或活動，都必有關連性。

看似不起眼的行為，也會產生長久的影響

任何自我的行為都會成為其他行為、思想、決定的誘因，甚至產生莫大的影響。因此，不能小覷自我行為的影響力。

自我行為所引發的結果，勢必會以某種形式與日後發生的事情產生關連性。就像過往人們的行為，或多或少會與現在發生的事情有所關連。

所有行為或活動都是不死的，意即任何人的一個不起眼的行為，都是不死的。換句話說，你我都是永生的。

《人性的，太人性的》

一切從了解自己開始

千萬不要自欺欺人，對自己說謊，要對自己誠實，了解自己到底是個什麼樣的人，有什麼癖好，什麼想法，會做出什麼樣的反應。

為什麼一定要了解自己呢？因為要是不了解自己，就無法感受到真正的愛。為了愛人，也為了被愛，首先就是了解自己。要是連自己都不了解，又如何能了解別人呢？

《曙光》

以為不可或缺的東西，總有一天會不再需要。

坦然接受自己的蛻變

自己以往堅信的真相，如今竟成了錯誤；以往奉為不變的信念，如今不再是唯一。

你之所以會有這樣的改變，不是因為你年少無知，不經世事的緣故，而是對當時狀態的你來說，必須要有這樣的認知與想法；對當時層次的你來說，既是事實也是信念。

人總會蛻變，不斷求新求變，朝向新的人生邁進。因此，只是以往認為不可或缺的東西，現在不再需要罷了。檢討自我，聽取別人的批評，才能刺激自己蛻變，造就新的自我。

《愉悅的知識》

用放大鏡檢視自己

絕大部分的人都是寬以待己，嚴以待人。

為什麼呢？因為過於自戀的關係，看不到自己的缺點，卻喜歡用放大鏡檢視別人，對別人的優點視而不見。

唯有改變態度，才能看清自己的缺點，發現別人的優點，也才能贏得別人的信賴與敬重。

《各種意見與箴言》

用行動贏得別人的信賴

大言不慚地說自己值得信賴的人，反而得不到別人的信賴。因為敢如此誇口的人，不是自戀狂，就是太愛自己，蒙蔽了自己的雙眼。其實絕大多數的人都知道人類是多麼脆弱的生物。

想贏得別人的信賴，不能光靠嘴巴說，要用行動表示。尤其在進退維谷的時候，唯有真誠的行動才能贏得別人的信賴。

《漂泊者及其影子》

解釋會禁錮我們的思想，失去思考的本質

一件事情可以從不同的角度解釋。

其實事情本身並無好壞之分，好壞與利弊全看自己怎麼解釋。

然而，無論你怎麼解釋，都是自己的主觀看法。意味著你已被解釋這件事所束縛，只能從解釋得通的觀點來看待事物。

也就是說，解釋所衍生出來的價值判斷會禁錮我們的思想。問題是，不做出解釋便無法處理事情，這就是解讀人生時，所要面臨的困境。

《玩笑、欺騙與報復》

想要了解真正的自己，先回答這些問題

如果你想了解真正的自己，請先誠實地回答以下的問題：

什麼是你真正愛過的？什麼能讓你提升心靈層次？什麼能滿足你的心靈，讓你心中充滿喜悅？又有什麼能讓你沉迷不已？

回答這些問題的同時，也會了解自己的本質，明白這就是真正的自己。

《叔本華》

樂於付出才能得到最純粹的喜悅

不快樂的原因之一，就是感受不到自己的存在價值，自己所做的事沒能幫助到別人。

所以有很多老人成天鬱鬱寡歡，也有很多正值青春的年輕人活得不快樂，因為他們覺得自己很沒用，無法對社會有所貢獻。

因此，想要活得快樂就是幫助別人，樂於付出，才能感受到自己存在的意義，享受最純粹的喜悅。

《人性的，太人性的》

他們總以為自己是主角，其他人是觀眾，最後成了笑話。

無法引人注目的原因

所謂自我表現欲，就是希望自己引人注目的欲望。尤其是宴會等公眾場合，這種欲望更明顯。

有人十分健談，有人奇裝異服，有人交際手腕一流，也有人刻意搞孤僻，無非都是希望引人注目。其實這麼做一點效果也沒有，因為他們都以為自己是主角，其他人是觀眾，結果成了一齣沒有觀眾的獨腳戲，誰都沒有撈到好處。

人生也是如此，有人利用權勢，有人頂著高學歷的光環，自以為不可一世；還有人喜歡裝可憐，博取別人的同情，卻都無法達到目的，為什麼呢？因為他們都以為只有自己是主角，其他人是觀眾。

《人性的，太人性的》

人生苦短，只允許我們專注自己的目標

若是太過在意周遭大小事，只會讓自己覺得更空虛；或為了填補內心的空虛，好奇周遭發生的任何事。

雖然好奇心也是一種鞭策自己的動力，但人生苦短，沒有足夠的時間經歷所有事，所以應該趁年輕時，找到自己想走的方向，一心一意地朝著目標前進，人生一定會很充實。

《漂泊者及其影子》

恐懼由心生

世間不好的事，四分之三都來自恐懼。

因為心懷恐懼，才會苦惱經歷過的事。甚至連尚未經歷過的事，都恐懼不已。

其實，恐懼的因子藏在你心中。正因為是自己的心，所以能夠輕易改變。

《曙光》

發自內心，才能成就好事

無論是何等好事，要是「為了什麼」而做，就成了卑劣的貪欲。

為了某人而做，為了某事而做，一旦失敗，你就會心生怨懟，怨天尤人；相反地，要是一切順利，你便會心生傲慢，自以為是。

因為一切都是為了自己。然而，當你真正地發自內心，主動為愛去做什麼時，絕不會想到是「為了什麼」而做。

《查拉圖斯特拉如是說》

020

卑劣的人才「為了什麼」而做。

每天都離目標更靠近一步

努力邁向更高的目標，絕對不是無謂的事。

也許你覺得自己的付出總是徒勞無功，但不要懷疑，你的確朝著目標逐步邁進。

或許今天離目標還很遠，但今天的努力是為了蓄積明天更接近目標的力量。

《漂泊者及其影子》

你之所以覺得孤獨，是因為不知道怎麼愛自己

當你來者不拒，渴求有人陪在身旁，無法忍受孤獨時，表示你正處於非常危險的狀態。

為了探求真正的自己，想從別人身上找到答案；為了得到別人的關注，而想結交朋友；為了虛無的安全感，而想依賴別人。為什麼會這樣呢？因為你很孤獨。為何孤獨呢？因為你不知道怎麼愛自己。所以就算結交再多速食朋友，也無法撫平孤獨的傷口，更無法愛自己，只是自欺欺人罷了。

想要真正地愛自己，必須先靠自己的力量得到什麼，用自己的雙腳一步步地朝著目標邁進。雖然很辛苦，但這是鍛鍊心靈肌肉時，必嘗的痛楚。

《查拉圖斯特拉如是說》

只有靠自己的力量才能得到。

能讓自己安心的地方，就是安居之所

你是否會旅行很多國家，找尋適合自己的國度？你是否會踏遍各地，找尋能讓自己安身立命的地方？

其實不需要如此大費周章，只要是能讓自己感到非常安穩的地方，就是最適合自己的地方。無論身在喧囂的城市，還是僻靜的荒野，只要強烈地感受到一股安穩的力量，就是能讓自己安心的地方。

《曙光》

自己就是人生最大的財富

即使面對的是同一件事情，有人能從中汲取到很多東西，有人卻只能汲取到一、兩件而已，人們總以為問題出在能力有差。

其實，並非從事情中汲取，而是要從自身汲取。在這件事情的觸發之下，找到自身相對應的東西。

也就是說，不必浪費心神去尋找什麼豐富的資源，而是充實自己。這是提升自我實力，豐富人生的良方。

《愉悅的知識》

024

不要從事情中找答案，從自身中才找得到答案。

II

喜

über die Freude

讓自己更喜悅吧！

喜悅永遠不嫌多

讓自己更喜悅吧。即便是一點點好事降臨，也要開心。保持愉悅的心情，身體的免疫力也會跟著提升。

不用覺得不好意思，也不需要忍耐、客氣，開心地笑吧。像孩子般率直地表現自己的好心情。

喜悅能忘記煩憂，減少你對別人的嫌惡與憎恨，讓周遭人也感染到你的喜悅吧。

喜悅永遠不嫌多，開心生活最重要。

《查拉圖斯特拉如是說》

026

少就容易滿足，想要滿足卻是一種奢侈。

滿足是種奢侈

「epicurean」這個字常被誤解為享樂主義者或是快樂主義者，其實這字眼源於古希臘哲學家伊比鳩魯所主張的，人活著就是要追求快樂。

這是一個目標，一種叫做「滿足」的奢侈，但滿足這個奢侈的東西不需要很多，一處種植幾株無花果樹的小庭院，一點起司，三、四位好友就行了。

這樣就算是奢侈的生活了。

《漂泊者及其影子》

晨起靜思

想要一天有好的開始，那就早上醒來時，想想該如何在一天之中，至少帶給一個人一點喜悅。

不是很大的喜悅也沒關係，努力實現這個想法就對了。

若是有更多人養成這般習慣，明白施比受更有福，就能更快改變這世界。

《人性的，太人性的》

並非所有的喜悅都是正面積極的

我們的喜悅，是否對他人有利呢？

我們的喜悅，是否會讓他人更加懊惱、悲傷呢？是否會侮辱到他人呢？

我們的喜悅，是否是真的值得喜悅的事呢？

我們的喜悅，是否建立在他人的不幸與痛苦之上呢？是否滿足了自己的復仇心、輕蔑心與歧視心呢？

《權力意志》

工作是你生活的重心

工作是我們生活的重心。要是沒有工作，就沒辦法生活。
工作能讓我們遠離罪惡，忘卻無謂的妄想，還能讓我們感受到適度的疲憊，獲取應得的報酬。

《人性的，太人性的》

再沒有比有人陪在身旁，更美妙的事

有人陪你一起沉默是件美好的事。比這更美妙的是，有人與你一起微笑。有人和你一起生活，經歷同樣的事與感動，一起哭，一起笑，度過同一段時光。

世上還有比這更美妙的事嗎？

《人性的，太人性的》

享受一知半解時的學習樂趣，才能不斷進步

比起能說一口流利外語的人，那些剛開始學習外語，還說的不是很流利的人，更能享受說外語的機會與樂趣。

只有一知半解的時候，才能享受到這樣的樂趣。不只學習外語，任何剛開始學習的趣味，總叫人回味無窮。

這正是人們樂於學習的原因。即便長大之後，也能透過這般樂趣，找到自己的一技之長。

《人性的，太人性的》

悅人也悅己

取悅他人，自己也會充滿喜悅。

無論是多麼微不足道的事，只要能夠取悅他人，便能讓我們的雙手與內心充滿喜悅。

《曙光》

讓喜悅永駐心中

讓自己聰明些，心中充滿喜悅。
可以的話，讓自己更賢明些。
讓喜悅永駐心中。
因為這才是人生最重要的事。

《漂泊者及其影子》

034

將注意力從討厭的事情上，轉移到開心的別處。

享受當下

不懂得享受，不是件好事。即便要你將目光暫時從痛苦的事上移開，也要懂得享受當下。

好比家裡要是有一個人不懂得享受，有人成天鬱鬱寡歡，整個家就會變得死氣沉沉，成了烏煙瘴氣，令人煩悶的地方。當然，團體生活與工作場所也是如此。

盡量讓自己活得幸福吧！所以要懂得享受當下。開懷大笑，用全身享受每一個瞬間。

《愉悅的知識》

精神層次越高，越能對細微的事物感到喜悅

一個人的精神層次越高，心理越健康，就越不會笑得粗俗、不得體、輕率又刺耳。相對地，發自內心的微笑與喜悅的表情也就越多。

為什麼呢？因為感受得到細微的事物，發現人生中竟藏著許多快樂的事物。也就是說，這人的精神層次已經達到極為敏感纖細的程度。

《漂泊者及其影子》

Ⅲ

生

über das Leben

請選擇不被欲望操控的人生。

不開始，就不會有進展

萬事起頭難。但不開始，就不會有進展。

《人性的，太人性的》

活用經歷過的事，打造最精采的人生之旅

有人認為到一個陌生的地方，漫無目的地走完行程就是旅行，也有人認為出門買個東西就是一趟旅行。

有人享受旅行時看到的異國風情，有人期待旅行時的邂逅與體驗，也有人會將旅行時觀察到的東西，體驗到的東西，活用到自己的工作與生活中。

人生之旅也是如此。若只是將每一次體驗到的東西當作紀念品收藏，而不加以活用的話，人生就只會繞著幾件既定的事情打轉。

將經歷過的事活用於每一天的生活，用更積極的態度面對人生，才能享受到最精采的人生之旅。

《漂泊者及其影子》

不熱愛旅行的人不多，但同樣熱愛人生的人應該要更多。

038

不管是好的或是壞的，結果都是你選擇來的。

充滿活力的事物，才能產生良善的影響

所有好的事物都能為人們注入活力，或是激勵人們更積極地面對生活。即便是以死亡為題的書籍，也有激勵人心的好書。相對地，以探究生命為題的書籍，也有矮化生命價值的爛書。

無論是言語還是行動，只要能讓人充滿活力就是好的。充滿活力的人，也會不斷對周遭產生良善的影響。選擇充滿活力的事物，為更多生命注入活力。

《漂泊者及其影子》

懂得捨棄，才能往前邁進

人生苦短，就算下一秒被死神召喚，也沒什麼好奇怪的。所以我們要活在當下，把握到來的機會。

想要在有限的時間裡多做些什麼，就要懂得拋開、捨棄什麼，但不必煩惱要捨棄什麼。因為在你努力行動的時候，不必要的東西會自動離去，就像枯黃的樹葉會從枝頭飄落般。

這麼一來，我們才能身輕如燕，朝目標更邁進一步。

《愉悅的知識》

040

歸零，是人生再活一次的機會。

活得無怨無悔

即便人生從頭來過也無所謂，這才是無怨無悔的人生。

《查拉圖斯特拉如是說》

態度堅決才能贏得眾人的認同

如果你想說服很多人，對他們產生什麼影響，只要態度堅決，敢斷言就對了。

不必多費唇舌正當化自己的看法，這樣反而讓更多人存疑。

唯有態度堅決，才能贏得眾人的認同。

《各種意見與箴言》

041

敢斷言，就能成為有影響力的人。

若想過著安逸的人生

你想過著輕鬆安逸的人生嗎？
那就別做顯眼的事，混跡人群中吧。
不知不覺地忘了自己的存在，這樣就行了。

《權力意志》

打破陳腐思想，才能脫胎換骨

不脫皮的蛇，只有死路一條。

人類也是如此。若老是披著陳腐思想的皮不放，內心也會逐漸腐敗，無法成長，步入死亡之途。

所以我們必須讓思維也進行新陳代謝，才能脫胎換骨。

《曙光》

埋首工作，等待轉機到來

專心投入工作，就沒有時間胡思亂想。就某種意味來說，這也是工作的一大好處。

當人生遭逢瓶頸時，埋首工作能讓你暫時逃避現實問題帶來的壓力與煩憂。

當你感到痛苦時，不妨選擇逃避。因為努力奮戰下去的結果，只會搞得自己更痛苦，情況也未必好轉，所以不需要強逼自己承受一切。當你藉由埋首工作，逃避煩心事時，一定會有什麼轉機到來。

《人性的，太人性的》

計畫永遠趕不上變化

訂立計畫時，總是雀躍不已。無論是訂立長期旅行計畫，還是想像自己理想中的家，或是訂立縝密的工作計畫、人生計畫等，都是那麼地令人興奮期待。

然而，人生不會永遠停留在訂立計畫時的快樂，只要你還活著，就必須執行計畫。否則，就只有協助別人執行計畫的份了。

一旦實行計畫，勢必會遇到各種阻礙、困難、怨懟與幻滅，你只能選擇逐一克服或是半途而廢。

那麼，究竟該怎麼做呢？畢竟計畫永遠趕不上變化，只要一邊計畫，一邊調整，就能愉快地實行計畫。

《各種意見與箴言》

用更真誠的眼光，重視基本生活

我們很容易忽視一些習以為常的事物，那就是與食衣住行相關的基本生活。甚至有人會大言不慚地說，人是為了活命而吃飯，為了情欲而繁衍子孫。這種人認為生活的絕大部分都是墮落的，與高尚這字眼完全沾不上邊。

其實，我們應該用更真誠的眼光看待基本生活，看待支撐人生的基石。我們應該多思考、多反省、用心改良，在基本生活中注入更多知性與感性的元素。因為食衣住行是我們生存的基礎，讓我們走過現實中的人生。

《漂泊者及其影子》

愛清潔的人，自然幸福

從小就要教導孩子養成良好的清潔習慣，不僅因為洗手能保持清潔，遠離疾病，還能維護身體健康。

養成良好的清潔習慣還能擴大至精神層面，也就是不碰偷竊及其他不道德的事物，培養身為社會一份子應守的本分、節操，以及溫厚的品格。

這樣的清潔觀就叫做潔癖。有潔癖的人，自然會招來幸福的要素與契機。

《漂泊者及其影子》

懂得構思生活，才能品味生活

想要生活得舒適又有品味，可以向藝術家請益。譬如，畫家特別注重物品的擺置。他們會故意將物品放得遠一點，或是放在只能斜眼瞧見的地方，藉以反射夕陽餘暉，製造陰影效果等。

其實，我們在生活中也會做類似的事，那就是室內布置。家具不該只求方便而擺置，而是要花點心思，讓生活更有品味，不然就只能在毫無品味可言，亂七八糟的環境中生活了。

同樣的，我們也可以依自己的喜好，構思生活中的各種事情，經營人際關係。

《愉悅的知識》

別被佔有欲操控

佔有欲並非十惡不赦的情感。佔有欲能鞭策一個人工作賺錢，過著豐衣足食的生活，得到身為人該有的自由與獨立。

賺錢並不是什麼壞事，問題是佔有欲一旦過頭，就會奴役我們的心。為了賺更多的錢，投入所有的時間與精力，讓佔有欲逼得喘不過氣。

被佔有欲操控的人，就會被完全束縛。豐富的心靈、幸福的精神、高潔的理想，這些對人類來說最重要的東西，他們全都不看在眼裡，成了窮得只剩下錢的可憐傢伙。所以千萬別被佔有欲征服，千萬別受佔有欲操控。

《漂泊者及其影子》

懂得操控欲望的人，能夠保有豐富的心靈。

眼裡只有目標，便會迷失人生方向

你像野獸般，汗水淋漓，一心一意只想攻頂。沿途美景無數，你卻不屑一顧，只想往高處前進。無論旅行還是工作，我們常常因為過於專注某件事，而忘了其他事情，這類愚蠢的事可說屢見不鮮。

好比我們總以為提升業績才是工作的唯一目標，問題是這樣便失去工作原本的意義。

然而，人們總是不斷重複這樣愚蠢的行為。結果內心失了從容，放大任何合理的行為，甚至認為所有人情事理都是最徒勞的事，以至於迷失了人生方向。

《漂泊者及其影子》

人終須一死，更要積極向前

人終須一死，因此更要活得快樂。
面對總有一天會到來的終點，更要積極向前。
正因為時間有限，更要把握眼前的機會。
那些嘆息與呻吟，就交給歌劇演員吧！

《權力意志》

停止那些無用的自導自演、自哀自憐了。

你的眼界永遠只能看到世界的一小片破碎風景。

身為人類的宿命

我們這輩子會經歷很多事情，並根據這些經驗判斷人生是長是短，是富有還是貧乏，是充實還是空虛。

然而，拘束在軀殼中的我們沒有千里眼，所以體驗到的範圍與距離是有限的，耳朵沒辦法聽到所有聲音，手也無法觸摸到所有東西。

但我們還是擅自判斷事物是大是小、是堅硬還是柔軟。甚至還會對其他生物妄下判斷。我們不但無視自己的能力有限，也沒有意識到自己的判斷可能有誤，這就是身為人類，無法擺脫的宿命。

《曙光》

Ⅳ

心

über die Geistigkeit

為何心靈自由的人，都是智者呢？

擁有輕盈的心

工作時，若能抱持輕盈的心，工作就會很順利；尤其是需要發想、創造的工作，更應如此。那是一種不受束縛，能夠自由翱翔的心。最好能夠永保這般與生俱來的心，別讓它萎縮。這麼一來，更能從容應付各種事情。

若是知道自己沒有這般輕盈的心，那就多吸收新知，多接觸藝術吧。讓自己的心逐漸輕盈起來。

《人性的，太人性的》

心中有光，才能看到希望之光

如果你從沒體驗過心中的光與熱，就算希望在眼前，你也不知道那就是希望。因為你無法看見希望，也聽不到希望。

《愉悅的知識》

光與熱要從心裡找。

熟悉的風景是讓內心沉穩的力量

當平日忙於工作與生活的我們不經意地遠眺時，會看到連綿的山峰、森林，或是遙遠彼端的水平線和地平線。這些穩定的線條對我們來說，都是非常重要的存在。

也許都是些再熟悉不過的風景，然而存在於這些風景中的穩定線條，卻能讓我們的內心感到沉穩、充實、篤定與深深的信賴感。

正因為我們的本能感受得到，才會重視窗外的風景，喜歡在親近大自然的地方蓋度假別墅。

《人性的，太人性的》

創造每天的歷史

我們總覺得歷史這東西遙不可及，和自己牽扯不上關係，甚至覺得歷史只存在於圖書館裡成排的舊書中。

其實，我們每個人都有真實確切的歷史，那就是每天的歷史。今天自己做了哪些事，又是什麼樣的情況，這些都會成為歷史的一頁。

無論你是什麼也不做，懶散地度過一天，還是勇於挑戰，花心思做了些什麼，每一種態度都是在書寫自己的歷史。

《愉悅的知識》

再拚命也不會有進展了，就跟隨風吹向哪就走向哪吧。

改變觀點，才能逆中求勝

當你不斷追求、探索，還是未能如願，甚至覺得筋疲力盡時，那就改變一下觀點吧。

當你無論做什麼事，都會受到阻礙，怎麼樣都不順利時，那就借用風的力量吧。揚帆前行，不管吹來什麼樣的風，都能化為正面的力量。

《玩笑、欺騙與報復》

小習慣也能改變人生

每天重複的小習慣，累積久了也會引發慢性病。

同樣地，每天重覆的心靈小習慣，也會讓靈魂生病，影響健康。

如果你習慣每天向周遭的人，冷言嘲諷十句話，那就從今天開始改變，每天讓周遭的人開心十次吧。

這麼一來，不僅能療癒你的靈魂，也能讓周遭人的心境變得開朗。

《曙光》

平等背後隱藏的是欲望

老是高喊「平等」的人，其實內心隱藏著兩種欲望。

一種是企圖將別人拉低到與自己同樣水準的欲望，另一種是希望自己能提升到與別人同樣水準的欲望。

所以我們必須明辨別人叫囂的究竟是哪一種欲望。

《人性的，太人性的》

060

看起來是一回事，深究起來是另一回事，這就是人性。

看似是優點，其實不見得是優點

人之所以客氣，是不想讓別人感到不自在，盡量不給別人添麻煩。

這種人看起來似乎頗為別人著想，有著公正、正義的品格。

其實，個性膽小的人，也會是這般模樣。

由此可知，就算看起來是優點，也要清楚分辨優點的本質為何。

《人性的，太人性的》

勝利絕非偶然

勝利者絕不相信偶然，而且無一例外。
即使他們謙虛地說，自己的成功純屬偶然。

《愉悅的知識》

膽小者注定是輸家

當你心想：「啊～前面已經無路可走了。」就算有路，你也看不到。

當你心想：「好危險啊！」就算再怎麼安全的地方，也不再是安全之所。

當你心想：「一切就這麼結束了吧！」就會一腳踩進終點的入口。

當你心想：「該怎麼辦呢？」你就會錯失最好的處理時機。

總之，膽小者注定是輸家，注定一事無成。

無論是對手太強、事情變得太複雜、情況過於棘手、還是缺乏扭轉局勢的條件，這些都不是導致失敗的藉口。

當你心懷恐懼，膽怯畏縮時，自然就會選擇通往失敗與毀滅的路走。

《玩笑、欺騙與報復》

心中沒有恐懼，就不會走錯失敗的道路。

瞧不起別人，是因為內心怯懦

行事過於極端，喜歡虛張聲勢的人，都有著虛榮心。因為他們希望自己看起來更強勢，更有能力，藉以彰顯自己的存在感，其實他們毫無內涵可言。

總愛著眼於小事的人，看起來好像非常謹慎纖細，其實內心十分恐懼不安，總是擔心自己會失敗。不然就是覺得凡事只要有別人插手，就不會順利，打從心底瞧不起別人。

《人性的，太人性的》

事實容易被情緒掩蓋

我們往往看不到事物或狀況的本質。

因為拘泥於自己的看法和堅持，結果看到的都是自己對於狀況產生的情感與胡亂想像。

也就是說，自己隱藏了事物與狀況的本質。

《曙光》

多數人都是為反對而反對

很少有人在反對某項提案時，是真的有憑有據的反對。大多數人反對的是陳述者的口氣與說法，或是討厭陳述者的個性和氣氛。

只要明白這一點，就會知道如何收服更多人心的方法。

如何表現、如何說服別人、陳述的技巧等，這些都是技術性問題。至於陳述者的性格、容貌、人品與待人接物的態度，就不是光靠技術能改變的東西。

《人性的，太人性的》

沒有永遠的敵人

想想你真的要抹殺敵人嗎？
真的要毀掉自己的對手嗎？
敵人也許會被你抹殺掉，也可能成為你心中一個永遠的存在。所以再仔細想想，你真的要抹殺他嗎？

《曙光》

066

如果你沒有敵人，要想辦法製造一個。

人的虛偽真實會選擇對象展現。

狡猾的虛榮心

人好面子，說穿了就是虛榮心，其實是一種很複雜的情感。

就算有人肯主動坦白自己的缺點、怪癖或惡行，充其量也只是虛榮心作祟，企圖隱藏自己更邪惡的部分。

而且願意坦白什麼，企圖隱瞞什麼，也會因對象不同而有所改變。

只要學會用這樣的觀點觀察他人與自己，就能明白對方羞愧什麼，隱瞞什麼，又想炫耀些什麼。

《人性的，太人性的》

靈魂偏愛奢侈之水

人喜好奢侈的習慣，並非出於與身分不符，驕傲自負的心。之所以會迷上那些對日常生活來說，可有可無的東西，是因為人類的靈魂喜歡沉溺於奢侈的水中。

《曙光》

068

耽溺於奢侈不是想要做上流人，而是靈魂的呼喚。

厭倦是因為不求自我成長

越是不容易到手的東西，就越想得到。一旦得手，過了一陣子，你又會厭倦。東西如此，人也不例外。因為你已經得到它，也習慣它，所以才會厭倦。其實你真正厭倦的是自己，因為這東西落在你手中，卻變不出什麼新花樣，也就是說，你對這件東西並沒有產生新的想法，才會覺得厭倦。越是不求自我成長，就越容易厭倦。一個不斷力求自我成長的人，會時常更新自己，所以能夠對同一樣東西，始終保持高度新鮮感。

《愉悅的知識》

人為何覺得無趣

懶惰的人不會感覺無趣。只有那些天生敏感，崇尚各種活動的人，才會連一刻也耐不住，感覺無趣。

《漂泊者及其影子》

容易感覺無趣的人比較勤奮。

疲累時就停止思考，好好休息

要是態度無法像平常一樣堅決，就表示你累了。人一旦疲累，就會嘆氣、抱怨、滿腹牢騷，愛鑽牛角尖，結果腦子只會繞著叫人鬱悶、晦暗的事情打轉。

這情形如同吸毒，所以疲累時，就停止思考，好好休息，睡個覺吧。這樣才能精神抖擻地迎向明天。

《愉悅的知識》

快感與不快感，都是從思維而生

我們總以為快感與不快感，都是因外在而起，其實是從自己的思維而生。

譬如，做完一件事之後，我們會想：「要是當初沒有那麼做就好了。」於是心生不快。相反地，要是覺得：「幸好有這麼做，事情才能這麼順利。」而體驗到快感。

之所以會這麼想，是因為我們認為自己有選擇該怎麼做的自由。也就是說，這種思維模式的前提，就是我們永遠都有選擇的自由。

要是不覺得自己有選擇的自由，當你面對現狀時，根本無法感受到快感與不快感。

《漂泊者及其影子》

如果你感到不快，別忘記那源自於你能自由的選擇。

為何自由的人很瀟灑

想要變得自由，想要更自在地看待事物，想要善用自己的能力與個性，會這麼想的人，一定能為自己帶來很多好處。

首先，他們不會放大自己的缺點，也不會為非作歹，因為他們覺得這麼做只會影響自己自由自在地看待事物，也就不會心生憤怒與嫌惡的情感。

真正自由的人，總是給人大方瀟灑的印象，那是因為他們的精神與內心拋棄了許多無謂的東西。

《善惡的彼岸》

如何把握精神的自由

想要得到真正的自由，就必須設法控制自己的情感。

一旦過度放縱情感，只會被情感牽著走，甚至沖昏頭，結果就是作繭自縛，失去自由。

精神自由，思想豁達的人，都很明瞭這一點，也會親身實踐。

《善惡的彼岸》

V

友

über die Freundschaft

親近那些靠自己實力，創出一番成就的人。

交友之道

要同甘，不要共苦。
這樣才交得到朋友。
嫉妒與自滿只會讓你失去朋友，這一點要注意。

《人性的，太人性的》

主動與朋友交流

試著與朋友多多交流吧！天南地北，什麼都可以聊，但絕對不是閒嗑牙，而是聊些你想相信的事。藉由與朋友推心置腹地交流，可以了解自己到底在想些什麼。

當你視對方為朋友，表示你對他有著一定程度的尊敬，憧憬他的人品，才會結為朋友，互相交流，尊重彼此，有助於自我人格提升。

《查拉圖斯特拉如是說》

擁有四種美德

對自己，對朋友要永遠誠實。
面對敵人，要有勇氣。
對敗者心存寬容。
任何時候都要禮貌待人。

《曙光》

摯友的相處之道

人之所以能成為摯友，就是保持著這樣的關係。

敬重對方更甚自己。雖然敬愛對方是理所當然的事，但前提是一定要更愛自己。

與對方交流時，表現得十分親密與包容，但別讓自己陷入兩難的窘境。

還有，清楚彼此之間的差異，切勿混淆。

《各種意見與箴言》

君子之交淡如水

一個人要是刻意與別人裝熟，裝模作樣地拉攏關係，沒事也會主動和別人聯繫，這麼做只是說明他們不相信自己能得到別人的信賴。

若是相互信賴，就不需要過度親密，看在外人眼中，反而覺得很刻意。

《人性的，太人性的》

你需要的是能讓自己成長的人際關係

年輕人之所以驕傲自滿，是因為他們還一事無成，卻因為與一群和自己差不多水平的傢伙為伍，自以為高人一等。

若是陶醉在這種耽美的錯覺中，只會浪費大好時光，那損失可就大了。所以最重要的事，就是找到能讓自己成長的人際關係，多和靠自己的實力，創出一番成就的人交流。

這麼一來，以往那個驕傲自滿、虛榮、毫無內涵可言的你，就會消失無蹤，清楚知道自己現在到底該做些什麼。

《人性的，太人性的》

080

親近靠自己而成就的人，你就會知道該做些什麼了。

081

想操控你的跟關心你的朋友要分得清。

好管閒事的人，絕對交不得

那種自以為跟對方混熟了，就能插手管別人私事的人，絕對交不得。因為他們口口聲聲說把你當家人看待，其實只是想操控你罷了。

朋友之間還是要保持一定程度的尊重與禮貌，否則可能連朋友都做不成。

《漂泊者及其影子》

適時裝傻是必要的

無須時刻都很敏感。尤其與人交往時，即便看透對方的行為與動機，也要假裝遲鈍。

而且，盡可能從善意的觀點，解讀對方的意思。

還要懂得重視對方，但絕不能讓對方察覺你很在乎他。總之，表現出一副比他還遲鈍的樣子就對了。

這些都是社交的訣竅，也是對別人的一種體恤。

《人性的，太人性的》

唯有物以類聚，才能相互認同

只有與你同類型的人，才會稱讚你，而你也會稱讚與自己同類型的人。若不是同類型的人，不但無法理解，也不知其善惡。而且稱讚與自己同類型的人，也能讓自己得到認同感。

人有不同的層次。唯有在同一個層次的人，才能相互理解、稱讚，以迂迴的方式得到自我認同。

《愉悅的知識》

懂得培養友情，才會有幸福的婚姻

小孩子的人際關係始於友情，絕不會建立於商場、利害關係或是愛情。一起玩耍、吵架、安慰、競爭、擔憂，種種經歷構築出彼此之間的友情，進而成為朋友。即便距離再遠，也不會影響彼此的情誼。

保持良好的朋友關係很重要，因為同儕關係及友情是人際關係的基礎。良好的朋友關係也是幸福婚姻的基石。因為婚姻生活是一種男女之間的特殊人際關係，必須建立在培養友情的才能上。

所以，將婚姻的不美滿怪罪於環境或是另一半的人，就是忘了自己應負的責任。

《人性的，太人性的》

人與人之間的關係，都從友誼開始建立。

VI

世

über die Öffentlichkeit

別被外來的力量牽著鼻子走。

超脫世間的人生態度

我們活在世間，也要超脫世間。

所謂超脫世間，就是別讓自己被情感的波動牽著走。不受情感影響，才能駕馭名為「情動」的悍馬。

若能做到這一點，就不會受時代潮流左右。也才能有堅定的信念，堅強地活下去。

《善惡的彼岸》

追求安定只會讓人與組織腐朽

雖說「物以類聚」，但想法相同的人聚在一起，彼此認同，藉以得到滿足，只會形成一處舒服的封閉空間，無法催生出新的思維與創意。

而且組織中的年長者若是一味偏袒與自己看法相同的年輕人，那麼不管是年輕人，還是組織，只會落得一事無成。

畏懼反對意見與獨特新點子，只求安定的態度，只會讓組織與人徹底腐朽，加速頹廢與毀滅。

《曙光》

老跟氣味相投的人一起混，小心太封閉了。

沒必要討好所有人

若對方打從心裡討厭你，就算你再怎麼示好，也不可能改變他的態度，只會成了別人眼中愛獻殷勤的傢伙。

不可能讓所有人都喜歡你，以平常心待人接物就行了。

《人性的，太人性的》

擁有自己的生活主張

想要一尾活生生的魚，就必須親自出門釣魚。同樣的，若想擁有自己的主張，就必須動腦思考，將想法轉化成語言。

會這麼做的人，遠比買魚化石的傢伙強多了。只想花錢買魚化石的傢伙懶得動腦思考，寧可花錢購買放在盒子裡的化石。這裡所說的化石，指得就是他人的意見。

他們將買來的意見當作是自己的主張，這樣的主張毫無生氣，也無變化可言。可嘆的是，世上這種人比比皆是。

《漂泊者及其影子》

把別人的意見當成是自己主張的人比比皆是。

人的道德，不能光憑其話語或行為來斷定。

自稱有道德的人，不一定真的有道德

高舉道德旗幟的人，不一定真的有道德。

也許他並無主見，只是為了保住面子，服從道德而已。

或許是因為驕傲自滿，也可能是出於無奈，或是嫌麻煩，而選擇做些符合道德的行為。

所以，我們無法認定符合道德的行為就是有道德，畢竟光憑行為根本無法判斷道德的真假。

《曙光》

尖聲指責他人錯誤的人，其惡劣本性一目了然。

責備別人的同時，也是在曝露自己的缺點

當你責備別人，堅持錯在別人的同時，也是在曝露自己的本性。其實看在旁人眼中，尖聲指責別人的人更惡劣。所以，老是尖酸刻薄責備別人的人，一定會被周遭人討厭。

《曙光》

不為無聊的事苦惱

熱的相反詞是冷，開朗的相反詞是晦暗，大的相反詞是小，這是一種使用相對概念的文字遊戲，但千萬不要以為現實也是如此。

譬如，「熱」與「冷」這兩個字眼並非對立，只是為了表現自己對於某種現象感受到的程度，有所差異罷了。

要是以為現實中也是處處對立，那麼生活中小小的麻煩就會變成困難與辛勞，一點點改變就會放大成莫大的痛苦，原本單純的保持距離卻導致疏遠與決裂。

絕大多數的煩惱都是因為認知有誤，而心生不滿。

《漂泊者及其影子》

不被大多數人的判斷迷惑

人們總是輕視一目了然的結構與道理，或是比較容易解釋的事物，卻重視那些無法說明清楚，曖昧不清的事物。

當然，還有其他左右自己內心的判斷是否重要的外來根據。所以我們不能被他人的情緒所惑，做出錯誤的判斷。

《人性的，太人性的》

092

你的判斷可以自己修正，但不可被別人動搖。

容易迷失的原因

一件事被人們認可的原因，有以下三種。

一是對於這件事一無所知；二是這件事隨處可見；三是這件事已經發生。

這件事是善是惡，會產生什麼利弊，有何正當理由，都不是人們判斷的基準。

所以大多數人都認同承襲、傳統與政治。

《曙光》

用支配反抗被支配

支配有兩種。一種是受支配欲驅使的支配，另一種是不願受別人支配而進行的支配。

《曙光》

成為支配者就擺脫了被支配。

接納批判的聲音

菇類喜歡在陰暗潮濕、通風不良的地方生長、繁殖。

人類的組織和團體也是一樣。要是長期處在容不下批判的聲音，極度封閉的空間中，腐敗與墮落的勢力肯定會崛起、擴張。

批判並非懷疑或是刁蠻的意見，批判就像拂過臉上的一陣風，雖然冰冰涼涼的，卻能抑制邪惡的細菌繁殖，所以還是要接納批判的聲音。

《人性的，太人性的》

正因為想得夠深遠，才會與組織格格不入

想得比別人多，比別人深遠的人，不適合待在組織或加入派系。因為這樣的人會在不知不覺中，超越組織與黨派利害，進行更深入、更廣泛的思考。

組織與派系在人們的思維上套了個框架，那是一種像許多果實串在一起，也像是成群小魚的東西。

所以若是你的想法與組織格格不入，也不必覺得自己不正常。只是因為你的思想已經超越了組織這個狹隘的世界，到達更廣闊的境界。

《人性的，太人性的》

規則會改變環境，也會改變人心

人們為了建立秩序，為了防止任何有害之事發生，或是為了減低危險性，增進效率，而制定規則與法律。

但是因應規則，又會出現新狀況，而且與當初訂立規則時所遭遇的情況完全不同。

此時就算廢除那些規則，也無法回到原先的狀況，因為規則已改變了環境，也改變了人心。

《漂泊者及其影子》

事物代表的往往不是事物本身

為什麼聚餐時的菜色那麼豐富，份量那麼多呢？因為那不只是為了提供營養，也是想讓用餐的人留下印象。

那是什麼樣的印象呢？是力量、名譽、威嚴、優越與權勢。

平常代表它們的是金錢，但在餐桌上，代表它們的是料理。

《曙光》

加害者比被害者更加厭惡自己。

人之所以為非作歹，是因為不夠愛自己

為非作歹之人，有個共通點，那就是厭惡自己。

正因為厭惡自己，才會為非作歹。藉著做壞事傷害自己，懲罰自己，才會一直在毀滅的道路上打轉。

不僅如此，他們對於自己的厭惡與復仇心，還會殃及無辜，這和賭徒總是拖累周遭人的道理是一樣的。

所以我們不能認定他們的不幸是出於自作自受，而選擇袖手旁觀，應該努力讓他們不再厭惡自己，儘可能地愛自己，否則邪惡勢力會加速擴張。

《曙光》

暴徒的真正目的

暴徒不是因為天生具有暴力傾向，才會攻擊別人，也不是想要教訓別人，折磨別人。

人之所以出手攻擊別人，是因為想知道自己的能耐有多大，影響有多廣。有時也會為了正當化自己的所作所為而攻擊別人。

個人如此，國家也不例外。

《人性的，太人性的》

不要替施暴者找藉口，他們純粹想展示能耐。

人總會將事情解釋成對自己有利

「愛你的鄰居。」

話雖如此，大部份聽到這句話的人，愛的不是住在隔壁的鄰居，而是鄰居的鄰居，甚至是住在更遠的人。

為什麼呢？因為住在隔壁的鄰居很囉唆，一點也不討人喜歡，所以人們選擇愛住在遠處的人，以為這就是在實踐「愛鄰居」這句話。

人們面對事情時，總是喜歡朝對自己有利的方向解釋。只要了解這一點，就能理解再怎麼正確的主張，也很難實現的原因了。

《善惡的彼岸》

現實生活中，多得是狡猾的人

沉甸甸的葡萄掛在藤蔓上，一隻狐狸想要摘，可是葡萄太高了，任牠怎麼跳都搆不著。結果狐狸放棄了，撂下一句話：「反正長得那麼高，肯定是酸的。」便走了。

這是伊索寓言的第三十二則故事，教導人們不要輕言放棄。

然而現實生活中，比狐狸還狡猾的人比比皆是。有時他們明明比別人早一步摘到美味的葡萄，卻故意四處嚷嚷：「這葡萄根本酸得沒辦法吃！」

《漂泊者及其影子》

以利益出發的價值判斷方式不值得學習。

小心冒牌老師的教誨

世上多的是裝得一本正經的冒牌老師。

他們教會我們許多處世之道，像是這麼做能得到利益，這麼判斷才不會吃虧，要這樣經營人脈，拓展人際關係。

可是仔細想想這些冒牌老師教的，都是關於價值的判斷，而不是如何判斷人與事物本質的方法。

難道我們要在尚未理解人生本質的情況下，糊里糊塗地走完人生嗎？

《權力意志》

放鬆警戒時往往就是最危險時

最容易被車撞的時候，就是當你躲過第一輛車之後。

同樣的，不管是工作還是日常生活，當你解決掉麻煩，總算鬆一口氣時，就是下一場危險最有可能迫近的時候。

《人性的，太人性的》

在裁判鳴笛前就鬆防的是傻瓜。

享受工作快感的人，在放蕩中無法找到滿足。

快感何處尋

快感並不會造就出為非作歹、行為放蕩的人，反而是因為他們缺乏快感，才會尋求快感。

問題是，他們總是追尋不到教人滿足的快感，只好讓自己更放蕩，反而永遠都處於飢渴的狀態。

早已在工作上充分得到快感的人，就算嘗到放蕩者所追求的邪惡快感，也絲毫不會有滿足的感覺。

《各種意見與箴言》

千萬不能相信「政客」

有些人刻意在身邊安排一些有能力或有名的人，藉以凸顯自己的存在感，政客就是最典型的例子，千萬要小心這種人。

政客最喜歡享受學者名士，圍繞在自己身邊的感覺，順便找藉口借助他們的影響力，當然不是出於工作的使命，而是為了掩飾自己的空虛，讓自己成為永遠的主角，不斷地利用別人罷了。

《愉悅的知識》

利用他人的名氣及影響力哄抬身價的人，就是政客型人。

送禮要送得恰到好處

送禮要送得恰到好處，要是送得太誇張，非但得不到對方感謝，反而讓對方覺得收到的是燙手山芋。

送禮貴在心意，要是送得不恰當，只會造成對方的困擾。

《人性的，太人性的》

行事果斷說穿了就是頑固

一言既出，駟馬難追。世人認為這是一種充滿男子氣慨的果斷態度，也認定這種人意志堅強，不管做任何事都是正確的。

但仔細想想，斷然實行自己說過的話，不也是一種頑固的表現？一種情緒性的反應？一種倔強的行事風格嗎？之所以如此，難道不是為了掩飾自己追求名聲的虛榮心嗎？

決定自己是否採取某種行為時，應該從更理性的觀點，判斷這項行為是否妥當。

《曙光》

果斷的行事要加上理智才不會流於頑固。

109

以加倍的謝意回報恩情，大大減輕當初求人的屈辱。

滴水之恩當湧泉相報

滴水之恩當湧泉相報。還給別人的，要比別人給的多，多的部分就是利息，讓對方開心。此舉也證明以往必須開口求援的自己，現在有能力還給別人這麼多，對方肯定會替你感到高興。

而且報答得越多，越能減輕自己開口要求別人幫助時的屈辱感，也能為自己帶來更多喜悅。

《漂泊者及其影子》

受騙的悲傷

當你欺騙別人時，對方就會陷入悲傷。

對方之所以覺得悲傷，不是因為損失了什麼，而是因為再也無法相信你，而陷入深沉的悲哀。

正因為對方想相信你，才會被傷得如此深。

《善惡的彼岸》

不要為被欺騙而悲傷，要為無法再相信而悲傷。

權勢無法靠自己獲得，權勢的力量是人們給的。

有權有勢只是幻影

無論是身為組織的領導者，還是當今擁有權勢的人，其實他們的權勢只是存在人們腦中的幻影，並非真的擁有什麼力量。

正因為權勢對人們產生一定的作用，幻影才無法消除。然而即便他們是某種特殊的存在，也絕對不是什麼特殊之人。當然，有些有權有勢的人，已經多少注意到這一點。真正有腦袋的人，早就知道這些人根本無足輕重，但大部分的人還是沉迷於幻影中。

《各種意見與箴言》

VII

人

über die Menschlichkeit

保持個人的獨特性，就能變強。

溝通需要技巧

向別人傳達事情，是有訣竅的。如果是件破天荒的事，或是會讓對方感到驚訝的事，那就裝作這件事早已眾人皆知，用稀鬆平常的口氣傳達，才能讓對方坦然接受。

否則對方會因為自己的無知而自卑，甚至遷怒告知者，也就不可能接受事實。

這個訣竅不但能大幅提升溝通的品質，更是分工合作時，攸關成敗的因素。

《曙光》

不要老想著別人如何了

不會隨便論斷別人什麼，也不會肆意評估別人存在的價值，更不會在別人身後說長道短。

不會老是想著別人這樣那樣。

盡量避免做這種無謂的想像。

做得到這一點，證明你是個好人。

《曙光》

113

不論斷別人的好壞，就是好人的證明。

不要侮辱人類的天性

人類與大自然。

這麼看這兩個字眼，總覺得兩者互不相容似的。事實上，人類生存於大自然中，也是大自然的一份子。

所以我們不該侮辱自己擁有的天性。它並不像人們主張社會性比較高尚的那麼不堪，那麼沒有人性、扭曲人性。

我們都生於自然，當然擁有自然的本性。

《愉悅的知識》

兩種人

面對他人的極力讚許，
有一種人會覺得很不好意思，
另一種人則會沾沾自喜，自鳴得意。

《曙光》

對人的判斷，只用單一的標準定會造成遺憾。

偉大的人可能是怪咖

沒有任何根據可以斷定偉大的人，也是人格高尚的人。

也許人們口中的偉人，只是遲遲無法長大的平凡人；也許因為他們像孩子般長不大，才能留下豐功偉業。

也許他們能依循時代的潮流與年齡，像個變色龍般，不斷地改變自己，才能成就符合時代潮流的事。

也或許他們是被施了魔法的少女，活在無窮無盡的夢境中，才會如此獨特。

《愉悅的知識》

真正具有獨創性的人，擁有獨到的眼光

特立獨行的人，不是具有獨創性的人，只是想吸引眾人目光罷了。真正有獨創性的人，特徵就是他們擁有獨到的眼光，能夠發現不被眾人察覺，甚至連名字都沒有的事物，還能為這些事物命名。

事物有了名字之後，人們才會發現它們的存在，世上也就多了一些新東西。

《愉悅的知識》

學會隱藏，才能發揮領導魅力

想讓別人覺得你是個很有領導力，很有內涵的人，只要學會隱藏就對了。不要公開自己的一切，讓別人覺得你深不可測。

因為絕大多數的人，認為深不可測的事物十分神祕與深邃。就像池塘或沼澤，越是混濁得看不見底，人們就認定它一定很深，心生恐懼。面對具有領袖氣質之人時的恐懼，也不過如此。

《愉悅的知識》

沒有仔細思考，再多的體驗也沒用

體驗確實很重要，人總是在體驗中成長。但不要以為自己體驗得多，就比別人優秀。

體驗過後，要是沒有仔細思考，還是得不到任何收穫。不管是什麼樣的體驗，要是沒有深度思考，就像亂吃一通，只會一直鬧肚子疼罷了。無法從體驗中學習到任何東西，就無法掌握任何東西。

《漂泊者及其影子》

唯有不保留實力的贏家，才能讓對手輸的心服口服。

要贏就要贏的徹底

勉強贏過對手一點也不光彩。既然要贏，就要贏得徹底，贏得漂亮。對方才不會心有不甘地想：差點就贏了，也不會自責，反而會神清氣爽地坦然讚許對方的勝利。

迫使對方出醜的險勝，或是耍手段贏來的勝利，都是徒留遺憾的贏法，贏得一點也不漂亮，這是贏家應有的氣度。

《人性的，太人性的》

成功者會正視自己的缺點與弱點

成功者似乎任何方面都高人一等，而且腦筋轉得快，行動效率高，運氣又好，做任何事都比別人來得快又準。其實，他們和一般人無異，也有缺點與弱點。

只是他們不但不會隱藏自己的缺點與弱點，還會偽裝成自己的強項，這就是他們比一般人，老謀深算的地方。

成功者之所以做得到這一點，是因為他們很清楚自己的弱點與缺點。大部分人對於自己的缺點總是視若無睹，成功者卻能正視缺點，理解缺點，這就是他們不同於一般人的地方。

《漂泊者及其影子》

121

成功者偽裝自己的強項，看起來就跟一般人無異。

履行約定的背後有著更親密的默契。

約定的真面目

約定不僅是人與人之間的契約而已，隱藏在要求背後的東西，才是約定的真面目。

譬如：「我們明天五點碰面吧！」即便是這樣尋常的約定，也不單只是意味著明天五點進行洽商這件事。

短短的一句話中其實包含著彼此親密的關係、照顧、信賴以及繼續合作下去的默契，甚至是對於彼此的一種體諒，所以約定可說是人性的誓言。

《曙光》

不必對沒做過的事，深感後悔

人是種不可思議的生物，總是恣意判斷行為的大小，譬如：完成一件大事，或是只做了些微不足道的小事。

更不可思議的是，人會後悔自己沒做過的事。明明沒做過，卻打從心底認為自己錯過一件大事，懊悔自己當初如果做了，肯定會有什麼很大的轉變。人以為自己可以判斷行為的大小，甚至以為所謂的大小就是真相。殊不知自己以為的小事，對別人來說，可能是件大事。反之亦然。總之，衡量過去的行為一點意義也沒有。

《愉悅的知識》

要專注於正在做的事，而不是浪費時間感嘆沒做過的事。

人生扶手不能當是永久保證，而是要當心靈支柱。

找到你的人生扶手

走在溪邊小徑或是橋上時，要是一不小心就會摔下去，所以路旁和橋上都設有扶手。然而一旦真的發生事故時，扶手也可能跟著你一起掉落，所以就算有扶手，也無法保證絕對安全。然而，至少這個扶手，能讓你安心一些。

父母、師長、朋友就像扶手，都是能讓我們安心，受到保護，得到安全感的人。你也許不能百分之百地依賴他們，也不一定能夠得到完全的協助，他們卻是我們心靈最大的支柱。

年輕人尤其需要像扶手般的心靈支柱，並非因為年輕人比較脆弱，而是為了幫助他們度過更美好的人生。

《人性的，太人性的》

為夢想負責的勇氣

我們會為自己犯的過失負責，為什麼不會為夢想負責呢？

那不是你的夢想嗎，那不是你口口聲聲說要完成的夢想嗎？難道你的夢想就如此不堪一擊？缺乏勇氣實現嗎？

那難道不是只屬於你的夢想嗎？如果你打從一開始就不想為自己的夢想負責，那夢想就永遠無法實現。

《曙光》

真正聰明的人懂得藏鋒

一個人過於聰明機智是不行的，還要懂得藏鋒。看在別人眼中，只會耍聰明的人一點都不帥，反而會被嫌嫩，遭人看輕，所以藏鋒是必要的。

大智若愚的人更有魅力，更能廣結善緣，更容易得到別人的幫助，遠比只會耍聰明的人更佔便宜。

《玩笑、欺騙與報復》

不要吹噓自己的人品

人品很重要。人們贊同的並非這個人的意見和想法，而是這人的人品。人品是裝不出來，也演不出來的。就算如何吹噓自己人品有多好，也無法取信別人，人們反而會信任、贊同那些默默行善的人。

《愉悅的知識》

127

有品不是自己說了算。

人所渴求的東西

即便給予住所、娛樂、食物、營養和健康，人們還是覺得自己不幸，也不滿足。

因為人們渴求的是壓倒性的魄力。

《曙光》

笑也可以看出人性

如何笑，何時笑，可以表露出一個人的人性。譬如，你是嘲笑別人的失敗？還是覺得有趣而笑？抑或是出於洗鍊的機智而笑？

而且笑聲也能表露一個人的本性。

不過，本性會透過其他方式表現出來，所以我們不必因為這樣，就害怕笑。只要人性改變，笑法也會跟著改變。

《漂泊者及其影子》

年少有成，不見得是好事

年少有成，受人吹捧，只會讓他們變得傲慢，自以為不可一世，忘了要敬重年長者，也瞧不起那些腳踏實地的人。

不僅如此，他們還會忘了成熟的意義，自然而然地游離出由成熟維護的文化環境。當別人逐漸成熟，工作內容也越來越有內涵時，年少有成之人卻相對地幼稚，難以成長，成為總是喜歡炫耀過往功績的傢伙。

《漂泊者及其影子》

玩世不恭者，大多都是憤世嫉俗的人

對自己的工作盡心盡力，得到豐碩成果的人，對同行以及競爭對手也會比較有雅量，寬容以待。

相反地，只是為了混口飯吃而勉強工作的人，只會對競爭對手心懷憎惡與怨恨。

由此可知，玩世不恭者，大多都是憤世嫉俗之人。

《曙光》

能夠控制自己，才能得到真正的自由

易怒、神經質的人，天生就是這種個性，很難改變。就像有句俗話說的：「江山易改，本性難移。」

然而憤怒只是基於一時衝動，還是可以自由控制的。直接表達憤怒，容易給人急躁的印象，還是換個方式發洩情緒比較好，或是克制住怒氣，等待氣消。

不只怒氣可以控制，內心湧現的情感與情緒也是可以自由控制的，這和動手修整庭院裡的花草，採收果實的道理是一樣的。

《曙光》

膽小鬼才危險，才要提防

笨拙、膽小的人，最容易下手殺人。因為他們不知道如何適度地自衛，也無法冷靜地處理問題。除了抹殺別人，別無他法。

《曙光》

為非作歹，令自己及他人蒙羞。

令人蒙羞是罪大惡極的事

令人蒙羞是罪大惡極的事。

為非作歹就是令人蒙羞，偷竊、殺人也是令人蒙羞。暴力就更不用說了，即便是小爭執，也會說些羞辱對方的字眼。

為非作歹不僅羞辱自己，也是在羞辱自己最心愛的人、父母和朋友，甚至羞辱到人類存在的意義。

所以，那些真正活得自由的人，早已到達無論做什麼事，都不會令自己蒙羞，也不會致使令人蒙羞的境界。

《愉悅的知識》

越是固執己見，越會遭人反彈

越是固執己見，就會有越多人反彈你。

一個人之所以固執己見，往往藏著幾個理由。譬如，以為某個見解只有自己想得到，所以非常驕傲自滿；或是想到自己費盡心思才想到這個見解，當然想得到一些回報；抑或是自以為只有自己，才能領悟到如此高深的見解。

但不要忘了，有不少人能夠直覺地感受到固執己見之人的心態，反射性地厭惡這種人。

《人性的，太人性的》

話多的人，內心藏著祕密

滔滔不絕談論自己的人，其實是想隱藏自己的本性、真心，甚至是真實身分。

尤其是撒謊的人，會比平時話多。因為他們企圖用很多枝微末節的事，轉移對方的注意力，避免對方察覺他們想隱瞞的事。

《善惡的彼岸》

改變思維比學習技巧更重要

要想寫出具有說服力的文章，光是學習寫作技巧是不夠的。

想要改善自己的表達能力與寫作實力，不僅要學習寫作技巧，還必須改變腦中的思維。

無法馬上明白這個道理的人，理解力肯定不夠，只能拘泥於眼前的技術。

《漂泊者及其影子》

憎惡與嫉妒給予你更堅強的理由。

惡與毒能讓人變得更強

高聳入雲的大樹，能避開惡劣的氣候成長嗎？

稻穀能不需要豪雨、豔陽、颱風、雷鳴閃電的蹂躪，能長出飽滿的稻穗嗎？

人生中有各種惡與毒，沒了這些負面因素，人會成長得更健全嗎？

憎惡、嫉妒、固執、疑神疑鬼、冷漠、貪婪、暴力，或是各種不利的條件，眾多的障礙，雖然這些都是煩惱的根源，但少了這些負面因素，人就能變得更強嗎？

不，正因為有這些惡與毒，人才有克服的機會與力量，也才能堅強地活在世上。

《愉悅的知識》

絕對不能相信利己主義者的判斷

利己主義者面對任何事，似乎都會先計算得失，算計自己是否能得到什麼好處。

他們只在意眼前的東西，輕視離自己比較遠的東西，只會短視近利地算計一切。

而且利己主義者認為的「遠近」，只是他們擅自判斷出來的距離。就某種意味來說，這樣的計算既不周全，也沒有事實根據，充其量只是非常情緒性的判斷。也就是說，他們的判斷毫無根據可言，十分情緒化，所以絕對不能相信他們的判斷。

《愉悅的知識》

再正當的主張也要與時並進。

信念有時不過是怠惰的產物

熱情形塑出意見，催生出主義與主張，但關鍵在後頭。為了讓自己的意見與主張得到全面認同，以至於非常堅持自己的想法，過於拘泥的結果，就是轉變成「信念」這東西。

人們總以為有信念的人很偉大，其實這些人只是固執於自己的意見，精神上沒有任何進步。也就是說，精神的怠惰創造出信念。

無論是多麼正當的意見或主張，都必須不斷地進化，重新思考，再次改造，才能因應時代的變化。

《人性的，太人性的》

不吝發現別人的優點

觀察別人時，應該著眼於別人的優點。

若只盯著別人的表面與低劣之處，證明你的狀態也不是很好。因為你希望藉由發現別人的缺點，逃避自己愚蠢又不努力的事實，欺騙自己還是高人一等。

而且，最好別和不願意發現別人優點的傢伙牽扯上關係，否則你就會和他一樣沒水準。

《善惡的彼岸》

滿口大道理的人，其實是在炫耀自我

有些妻子喜歡把丈夫的職業和地位，歸功於自己的功勞。甚至將孩子念的學校的特色、聰明的寵物狗、庭院裡蒼鬱的樹木，甚至是居住環境的美景，全視為自己的功績。

而政治家與官僚則是擺出一副自己掌控時代與歷史的嘴臉。大多數人都喜歡突顯自己知道的事，強調其特殊價值，甚至把自己知道的事，視為自己的所有物。

他們看似在談論事物與知識，其實是在炫耀自我，膨脹自己的欲望。不僅如此，他們還企圖佔有過去與未來。

《曙光》

女人有時比男人更野蠻

世人總以為男人處理事情的態度，比女人來得大膽野蠻，其實只是體格與行為給人的錯誤印象。

女人要狠、戀愛時，可是比男人更大膽野蠻。

《善惡的彼岸》

143

處理事情只有態度的差異，沒有性別差異。

144
在看清楚事情全貌前，不要急著做出反應。

急躁迫使人生變得麻煩

無論是相愛時，爭執時，還是相互尊敬時，其中一方總是得承擔各種麻煩事。

這些人的共通點，就是個性急躁。

個性急躁的人面對任何情況，總會在事情尚未結束前，就急著反應，做出多餘的言行，導致感情破裂。所以不管再怎麼簡單平常的事，都會被他們搞成麻煩事。

《曙光》

不守時的人很缺德

連聲招呼也不打，讓人苦苦等候，真的很缺德。這已經不是沒有禮貌，不遵守約定的問題，因為別人在等待的期間，可能會心生各種負面想像、擔憂、不快，進而憤慨。

因為你的不守時，迫使別人無意中變得很邪惡，再也沒有比這更缺德的事了。

《人性的，太人性的》

146

不拒絕他人的謝意才是體貼的表現。

讓人不舒服的禮貌

認真拒絕別人的謝意，會讓對方有被侮辱的感覺。

《曙光》

利己主義者的判斷基準

對自己有害的事物是惡，能帶給自己利益的事物是善，有些利己主義者就是這樣判斷事物的善惡。

之所以說他們是利己主義者，是因為他們過於主觀地判斷事物的善惡，可怕的是，世上如此野蠻的傢伙還不少。

《曙光》

147

以自身的利益判斷善惡，是野蠻的行為。

寧願選擇混跡人群，也別選擇孤獨地墮落。

拒絕當個宅男腐女

走進喧鬧的世界吧！走進人群中吧！走向大家聚集的地方。混在人群中的你，勢必會變得更圓融，宛若新生。孤獨不是件好事，孤獨只會讓你墮落，讓你變得腐朽。拒絕當個宅男腐女，積極地走出去吧！

《迪奧尼索斯之歌》

過度擁有反而成為佔有欲的奴隸

人生需要金錢、舒適的住所、健康豐富的飲食。擁有了這些，人才能獨立、自由地生活。

然而，過度擁有這些東西，人就會成為佔有欲的奴隸。為了佔有，花費許多時間，就連休息時間也被迫與人交際，受組織操控，甚至被國家束縛。

人生不應該為了無止盡的佔有欲而活。

《各種意見與箴言》

人有著越是困難，越想挑戰的特質

促使有勇氣的人採取行動，是有訣竅的。只要告訴他們什麼行為很危險，什麼事情很困難就行了。即便事情一點也不危險，也不困難。

於是，有勇氣的人會基於捨我其誰的衝勁，挑戰危險的事。

人有著越是困難，越想挑戰的特質。如果事情太簡單，一旦失敗就沒了藉口；相反地，挑戰困難的事，就算失敗也會贏得別人的讚揚，至少還能博取一些安慰的話語。

《善惡的彼岸》

VIII

愛

über die Liebe

身心一致才是真正的愛？

愛對方的真實

愛不是佔有年輕貌美之人，也不是想盡辦法將優秀之人納為己用，進而操控、影響對方。

愛也不是尋找、分辨和自己相似的人，更不是全然接納喜歡自己的人。

愛是喜歡和自己完全不同的人，喜歡對方的真實狀況。即便對方的感受與自己完全不同，也能喜歡對方的那分感性。

愛不是用來填補兩人之間的差異，也不是強迫其中一方委曲求全，能夠喜歡彼此的差異，才是真正的愛。

《漂泊者及其影子》

勇敢去愛，主動去愛

如果你為愛所苦，那就只有一種治療方法。
就是勇敢去愛，主動去愛，愛得更多、更溫暖、更堅定。
因為只有愛，才是治療愛的仙丹妙藥。

《曙光》

學習如何去愛

面對第一次聽到的音樂，我們不能因為對旋律陌生而討厭，應該告訴自己要盡量聽完。

只要反覆聽上幾遍，你就會逐漸熟悉它，慢慢發現它的魅力，挖掘它的內涵與美，進而愛上它，成為自己生命中不可或缺的一環。

不只音樂，我們現在所愛的事物也是從剛接觸時的陌生，一路學習如何去愛。不管是愛工作也好，愛自己也罷，當然愛上一個人也不例外，學習如何去愛就對了。

愛總是出現在崎嶇的學習之路的盡頭。

《愉悅的知識》

愛的方法也會改變

年輕時，人比較喜歡新鮮、有趣、奇特的東西，不在乎它是真是假。待人稍微長大些，便喜歡上探究道理及真實的東西。等到人更成熟後，就會愛上年輕人覺得單調無趣，一點都提不起勁的深奧真理。因為人發現真理往往會用最單純的話語，指出最深奧的意含。人也會跟著提升內涵，改變愛的方法。

《人性的，太人性的》

能夠改變愛的方法，往往都是最單純的道理。

愛如雨下，灑在好人身上，也灑在惡人身上

為何愛比公正更受人歡迎，更受重視呢？

為何人們喜歡談論愛，不停地讚美愛呢？

公正不是比愛來得知性嗎？愛不是比公正愚蠢多了嗎？

正因為愛是那麼愚蠢的東西，才能讓所有人都覺得舒服。愛總是捧著數不盡的花，像個傻瓜般，毫不吝惜地與人分享。無論對方是誰，即便是個不值得愛的人，即便是個行事不公正的人，即便是那種接受別人的愛，也不會感謝的人。

愛如雨下，會灑在好人身上，也會灑在惡人身上，沒有對象之分。

《人性的，太人性的》

愛就是關注人們心中的美好

愛擁有一雙能夠發現人們心中的美好，並且持續關注的眼睛。愛還擁有渴望不斷提升人內在的欲望。

《曙光》

接觸新事物的訣竅

無論是學習、交友、工作、興趣還是閱讀，接觸新事物時有個訣竅，那就是懷著廣闊的愛去接受它。

即便新事物有著令人討厭的地方，令你覺得無趣的部分，也要告訴自己立刻忘掉，接受它的全部，堅持到最後。

這麼一來，你才能明白事物的究竟，看清事物的本質。

絕不能因為個人的好惡、心情，選擇半途而廢，一定要懷著廣闊的愛堅持到底，這就是看清事物本質的訣竅。

《人性的，太人性的》

愛發揮作用的地方

善惡的彼岸。那是一個完全超脫善惡判斷與道德的地方。

由愛出發的所有事情都會發生在這個地方，可見愛的行為凌駕所有價值判斷與解釋。

《善惡的彼岸》

讓性欲配合愛而成長

讓性欲支配身體是件非常危險的事，因為性欲會成為彼此的羈絆，讓你忘了愛才是真正的羈絆。

愛是慢慢地成長，所以不能讓性欲超越愛，必須讓性欲永遠比愛晚一步發展。

這麼一來，彼此結合的同時也能感受到深深的愛，身心靈才能同時獲得幸福感。

《善惡的彼岸》

160

愛的本質就是愛這個行為

感覺不同於行為，是無法約束的，因為感覺無法憑藉意志力驅使。所以我們無法承諾對方，一定會永遠愛他。但愛不僅是種感覺，因為愛的本質就是愛這個行為。

《人性的，太人性的》

在喜歡你的人當中，才找得到可能會愛你的。

沒有喜歡，哪來愛

你是不是在等待對的人出現？是不是想找個情人？想要有個人深愛著自己呢？再也沒有比會這麼想的人，更自以為是了。

你有沒有努力讓自己成為受到更多人喜愛的好人呢？還是你覺得只要有一個人愛自己就夠了？但這個人也是人群中的一個啊！要是沒有人喜歡你，又有誰會愛你呢？喂、你還不懂嗎？你打從一開始就是在強人所難啊！

《人性的，太人性的》

成為男人眼中的魅力女

想成為男人眼中的魅力女，一點都不難，只要保持神祕感就行了。讓自己像是戴上面具，身姿猶如若隱若現的幽靈，塑造一種神祕的存在。

當男人們的欲望受到刺激，就會開始探究女人的真心，探究女人的軀體究竟存在什麼樣的靈魂。

這方法能讓眾多男人拜倒在妳的石榴裙下。演員因為職業的關係，讓他們隨時都像幽靈般存在，有著神祕的魅力。獨裁者與邪教教主則是將這方法發揮到極致，引發最惡劣的後果。

《人性的，太人性的》

如果你對婚姻感到猶豫

如果你對婚姻感到猶豫，不妨先靜下心來，問自己一個問題。當你們年過八、九十歲，是否還能相處愉快，無話不談呢？漫長的婚姻生活中，你們會經歷種種事情，但那些都是暫時性的，總有一天會過往雲煙。

兩人之間的談話，佔據了大部分的婚姻生活，而且年紀越大，談話的時間越多。

《人性的，太人性的》

你是不是值得更多的愛，不是自己說了算。

渴望更多愛的自戀者

不論男女都希望自己得到更多的愛，於是兩人開始無謂的爭吵，衍生出各種問題。

當雙方都覺得自己更優秀，更值得被愛時，表示雙方都沉浸在自戀中。

《人性的，太人性的》

實現你的夢想是一種義無反顧

你還在為雞毛蒜皮的小事，斤斤計較嗎？為什麼不對自己的夢想負責，努力實現呢？

難道你軟弱到連這種責任都不敢擔嗎？還是你缺乏勇氣呢？

你的夢想就是屬於你自己的東西。

更值得你全力以赴去實現，不是嗎？

《曙光》

捨棄女人魅力的女人

女人每忘記魅惑一次男人，就會越憎惡他人一分。

《善惡的彼岸》

歡喜地接納對立與矛盾

愛就是理解與自己的人生觀不同，感受不同的人，並為他喜悅。

愛並非喜愛與自己相似的人，而是渡過喜悅之橋，去愛與自己完全不同的人。縱使彼此截然不同，也要去愛這般不同，不要否定對方。

對待自己也是如此。內心一定有著絕對沒有交集的對立與矛盾，愛不是抵抗這些對立與矛盾，而是歡喜地接納。

《各種意見與箴言》

女人最深層的愛

女人的內心包藏著各種愛，而且任何一種愛，一定包含著母愛。

《人性的，太人性的》

愛與尊敬無法兼得

尊敬意味著與對方有段距離，中間還隔著稱為「敬畏」的東西。顯示你與對方之間有著從屬關係，實力多少有些差距。

然而，愛是不會計較這些的，沒有上下之分，也不認可什麼實力的差距，因為愛能包容一切。

所以愛面子的人不太能夠接受愛，與其得到別人的愛，他們更渴望得到別人的尊敬。

自尊心強的人也不容易接受愛。雖然每個人都希望被愛、受別人尊敬，但選擇愛，不是輕鬆多了嗎？

《人性的，太人性的》

愛就是寬恕

愛就是寬恕。
愛甚至能包容情欲。

《愉悅的知識》

170

愛連情欲都願意包容。

愛的真實是自然而然的

對別人釋出善意，就能嘗到一絲快感。其實，親切的舉動與善行本身並沒有快感，而是做完這件事之後，感覺自己離聖人的標準又更近一步。

平常我們親切地對待親朋好友，是出於自然而然的情感，不會意識到這是一種善行，更不會覺得自己這麼做之後，就成了聖人。

其實，這樣的行為才是出於真實的愛，比刻意表現高尚多了。

《漂泊者及其影子》

最極致的自戀

什麼是最極致的自戀？

就是要求「被愛」。

這種人不但高聲主張自己有值得被愛的價值，還以為自己是最特別的存在，高人一等。其實說穿了，他們只是歧視別人，認為只有自己才有被別人評價的資格。

《人性的，太人性的》

高聲要求被愛的人，自認為高人一等。

人不能忘了怎麼去愛

當你忘了怎麼去愛，就會忘卻自己心中值得珍愛的東西，也就無法愛自己。

於是，你的人生也就此落幕。

《曙光》

愛讓人成長

當你愛上某個人，就會努力不讓對方察覺你的缺點。這不是虛榮心作祟，只是不想傷害你所愛的人。

於是，你會趁對方察覺之前，鞭策自己改正缺點。愛讓人成長，讓人越來越接近如同神般完美的人。

《愉悅的知識》

情人眼裡出西施

對方條件不優，長得不好看，個性又不怎麼樣，也許看在別人眼裡，很懷疑你怎麼會愛上這樣的人？

因為情人眼裡出西施。愛讓你看不見對方的缺點，永遠只看得到對方高潔美好的一面。

《善惡的彼岸》

IX

知

über die Wissenschaft

沒必要建立一套屬於自己的哲學。

善用本能的人才是智者

不吃東西，身體就會衰弱，甚至死亡。持續睡眠不足四天後，身體狀況就會與糖尿病患者無異。若是完全睡不著，第三天開始就會出現幻覺，最終走向死亡。

知識能幫助我們過更好的生活，我們也能將知識應用於壞事上，可見知識是一種非常方便的工具。

雖然我們將本能視為野性、野蠻的東西，本能卻能拯救我們的生命。本能是一種有救濟功用的知性，也是人人都有的能力。

本能是知性的頂端，因而正是最知性的東西。

《善惡的彼岸》

做判斷前先看清事物的本質

礦泉湧出的流量不一，有的是嘩啦嘩啦地不斷冒出，有的是滴滴答答地流出。

不了解情況的人，只能以流量判斷礦泉的價值。熟知礦泉效用的人，則會根據含有的成分，判斷礦泉品質的好壞。

其他事物也是如此，我們不能被外在的數量多寡，以及震懾力所惑。對人類來說，什麼才是有意義、有價值的品質呢？所以具有能夠看清事物本質的眼力非常重要。

《漂泊者及其影子》

觀點是人衍生的，沒有絕對的善惡。

時代在變，看待事物的觀點也要改變

何謂善？何謂惡？身為人的倫理又是什麼？這定義會隨著時代改變，甚至完全相反。

在古代，不符合傳統與習慣的自由行為就是異端。此外，特立獨行的舉動，超越身分的平等，無法預測的事，不習慣的事，甚至連難以看透的事，都被視為惡。現代很多的尋常行為與想法，在古人眼中看來都是罪大惡極的事。

改變觀點就是這麼一回事。光是想像對方或情況並不能改變觀點，鑑古知今則有助於改變觀點。

《曙光》

自由就是不令自己感到羞恥

何謂惡？侮辱他人便是惡。

何謂人性？不讓任何人蒙羞便是人性。

什麼是人類所能得到的自由？那就是無論做出什麼樣的行為，都不會令自己感到羞恥。

《愉悅的知識》

學習是優質生活的基礎

想要理解並遵守與對方的約定，必須具備足夠的理解力與記憶力。而理解力與記憶力都是能夠經過鍛鍊而獲得的一種知性。

人能同情某個人或是某個遙遠的對象，肯定具備充分的想像力，而想像力也是一種知性。

人性的倫理與道德，與知性有著密不可分的關係，缺乏知識的知性是不可能存在的。

即便你現在所學的東西看似毫無用處，卻可能是讓你生活得更好的基礎。

《人性的，太人性的》

冷靜才能做出正確的判斷

不要用熱情判斷一個觀點是否為真理，滿腔熱情並不能證明這個觀點就是真理。可怕的是，這種人還真不少。

長遠的歷史，悠久的傳統也不能做為真理的論據。若是有人刻意強調這一點，極有可能企圖捏造歷史，一定要當心這種人。

《曙光》

只搜尋書中派上用場的東西，無異於小偷的行為。

別讓自己成了最差勁的讀者

看書時要小心，千萬別讓自己成為最差勁的讀者。最差勁的讀者就像不斷掠奪民家的士兵。

他們不會認真地看一本書，只想用竊賊般的眼光，尋找書中對自己有益，能夠立刻派上用場的東西，並佔為己有。

他們以為自己偷來的東西（也是他們唯一能夠理解的東西）就是整本書的全部，並大肆宣揚。這麼做不僅抹滅這本書原有的精神，也汙衊了這本書與作者。

《各種意見與箴言》

閱讀該讀的書

以下才是我們該閱讀的書。
讀完後，會讓你產生完全不同的世界觀。
能帶領我們前往新境地的書。
讀完後，能夠感受到心靈被淨化的書。
能帶給我們全新的智慧與勇氣的書。
能讓我們重新認識愛與美，帶給我們新視野的書。

《愉悅的知識》

能夠催生文化的是人豐富的心靈。

光靠硬體設施與道具並無法催生文化

並非建造宏偉的劇院或美術館，就能催生出博大精深的文化。並非擁有更多的道具與技術，就能構築更豐富的文化條件與基礎。

真正能夠催生文化的是心靈。然而，官員與商人勾結，表面上打著發展文化的旗幟，結果卻是加速文化的毀滅。

這就是我們身處的時代，對於那些認為文化的本質是物質與手段的人，我們一定要力抗到底。

《人性的，太人性的》

閱讀經典作品，是遭遇人生瓶頸時的特效藥

閱讀的好處不勝枚舉，閱讀經典作品更是益處良多。

閱讀經典作品，能讓我們更客觀地看待現今世代，帶領我們神遊新世界。

那麼，從書中的世界回到現實時，會發生什麼事呢？我們更能看清現今世代的全貌。這麼一來，就能擁有全新的觀點，將新方法運用於現今生活。所以閱讀經典作品，是遭遇人生瓶頸時的特效藥。

《人性的，太人性的》

閱讀經典並對照現實，得以看見世界的真面目。

能解放你的人，才是真正的教育者

只要上好學校，就能遇見好老師，接受好的教育，真的是這樣嗎？
你希望能從老師那裡學到什麼？你希望受到什麼樣的教育？
不同的學校和老師，學到的東西也不一樣嗎？
其實真正的教育者，並不是擁有顯赫的頭銜與豐功偉業，而是能幫助你發揮潛力。也就是說，真正的教育者，理應是解放你的人。
所以能讓你自由自在，充滿活力地發揮能力的人，才是真正的教育者，這樣的人所任教的學校，才是你該去的地方。

《叔本華》

學習不是只為了模仿

古希臘之所以能歷經長時間，依舊保有高度繁榮的文明，就在於他們不僅懂得吸收外國的文化與教養，還能活用，發展得更好。

基礎就在於多元化的學習。學習不單是為了模仿，也是為了將外國文化作為一種教養，化為澆灌自己的養分。當今現世也是如此，光是追求眼前的利潤，這樣的經濟活動絕無法通往繁榮與發展之路。

《備忘錄》

187

盲目追求成效無法將學習變成養分。

耐心等待事情完成

有些人雖然擁有才華與技術，卻沒有辦法完成一件事。因為他們不相信時間，不能耐性等待直至完成。總以為只要親自出馬，一切就能搞定，所以總是招致半途而廢的結果。

無論是完成一件工作還是創作，都需要一定的耐心，否則欲速則不達。之所以能完成一件事，關鍵不在於才能或是技術，而是要相信時間的催化作用，以及堅持下去的氣度。

《漂泊者及其影子》

光有理想不夠，還要找到通往理想的路

光有理想是不夠的，必須靠自己的力量，找到通往理想的路。否則自己的行動、生活方式便永遠無法定下來。

如果你認為理想是與自己毫無關係的遙遠星星，就不會知道自己該怎麼走，也就只能得到悲慘的結果。也許一個不小心，你的人生甚至會比那些毫無理想可言的人，更加支離破碎。

《善惡的彼岸》

擁有不知道該怎麼完成的理想，比沒有理想下場悲慘。

有學習熱忱的人，永遠不會覺得無聊

不斷學習，累積知識，並將知識提升為教養與智慧的人，永遠不會覺得無聊。因為他們熱衷學習的興趣越來越強烈。

即便他們的所見所聞與別人相同，卻能輕而易舉地從中找出教諭與關鍵，容易發現不一樣的思維。

他們每天都在享受解謎的樂趣，並從中獲得知識，過著有意義又充實的生活。對他們來說，世界永遠是那麼新奇，永遠是那麼有趣，他們就像身處叢林中的植物學家。

正因為每天都有新的發現與探索，所以他們永遠都不會覺得無聊。

《漂泊者及其影子》

不必使盡全力，用四分之三的氣力做事就夠了

用四分之三的氣力完成一件作品或是一件事的成果才是最好的。

因為使盡全力完成的東西，只會讓人覺得沉重，讓人覺得緊繃不已，感受到的是一種不愉快與複雜的興奮。而且完成的東西也會散發一股「世故味」。

相反的，用四分之三的氣力完成的東西，不但讓人感覺從容，也能給人安心、健康、舒適的印象，反而更容易讓一般人接受。

《人性的，太人性的》

191

用盡力氣去做的成果，不但沉重還不容易被接受。

過度擴張的欲望會像氾濫的大水淹沒你。

成為專業人才的條件

若想成為專業人才，必須克服以下問題。
性急、缺乏耐心、以牙還牙的復仇心、情欲等。
當你能夠輕鬆排除這些負面情緒，能夠駕馭自我時，才能開始做事。
否則這些情感極有可能像氾濫的河川，摧毀你的一切。

《漂泊者及其影子》

做好收尾的工作，才算有了完美的句點

何謂建築家的道德？就是建好房子後，將鷹架拆除乾淨。何謂園藝家的道德，就是修剪完後，將殘枝落葉清掃乾淨。

同樣地，我們做任何事，都要做好收尾的工作，這件事才算畫上完美的句點。

《漂泊者及其影子》

193

不要自以為可以讓別人來收尾。

你要追求的東西就在眼下

深掘你現在所處的位置吧！湧泉就在你的腳下。

很多年輕人為了尋找自我，尋找最適合自己的東西，遠走他鄉。

何必捨近求遠，源源不斷的泉水就在你從未注意的腳下，那裏埋著你要追求的東西，數不盡的寶物都沉眠在你的腳下。

《玩笑、欺騙與復仇》

195

最順利的航行不是憑藉最強的風，而是最佳的風。

唯有親身經歷過，才曉得哪一條是捷徑

數學中，最短的捷徑是連結起點與終點的直線，但現實中的捷徑可不是如此。

船夫曾告訴我：「最佳的風向能讓船帆鼓起，引導船駛向最短的航路」。

這才是活用於現實事物中，最佳捷徑的理論。事情不會完全按照你所訂立的計畫前進，現實生活中的某些東西會將原本最遠的路，變成捷徑。這些都是事前無法預測的事，唯有親身經歷才能明白。

《漂泊者及其影子》

抽離一點，更能看清事物本質

就像莫內的點描畫，近看的話，實在看不懂他畫的到底是什麼。稍微站遠一點欣賞，才能看得出畫作的輪廓。

身處風暴中的人也是，越近反而越不曉得該怎麼辦，稍微抽離一點，才能看出問題所在，看到事情的核心。

這就是將複雜的事物簡單化的手法。那些被稱為思想家的人，會先用這手法將複雜的事物單純化，抽出核心，才會比任何人更容易看清楚事物的本質。

《愉悅的知識》

哲學不是標準化自己

所謂「自擁哲學」，是有著既定的態度與見解，同時標準化自己。

與其擁有這樣的哲學，不如傾聽人生中每一個時刻的呢喃耳語。唯有如此，才能看清事物與生活的本質。

這才是哲學的真義。

《人性的，太人性的》

197

檢測你的精神層次

會想追求更好生活的人，他們的精神在每個發展階段所追求的價值目標都不一樣。也就是說，精神在不同階段所追求的最高道德並不相同。

在第一階段的精神中，「勇氣」是最高道德。

在第二階段的精神中，「正義」是最高道德。

達到第三階段的精神中，「節制」是最高道德。

最後的第四階段，「智慧」就是最高的道德精神。

請捫心自問，現在你的精神是處於哪一個階段呢？

《漂泊者及其影子》

沒必要炫耀智慧

若是不經意炫耀了自己的智慧，你遲早會遭遇有形無形的挑釁或反抗，勢必百害而無一利。

所以和普通人一樣，喜怒哀樂形於色，偶爾和大家一起興奮才是上策。這麼一來，你才能掩飾自己的聰明才智，聰明之人特有的冷靜思考，也才不會傷害到別人。

《漂泊者及其影子》

200

自覺到自己沒有才能，去學習一種就是了。

賦予自己才能

不該因為自己沒有天賦的才能而悲觀。
要是覺得自己沒有任何才能，就去學習一種。

《曙光》

徹底的體驗才能長智慧

光是學習與閱讀是不會變聰明的，人唯有經歷過各種體驗才會成長。當然不是所有的體驗都是安全的，體驗也潛藏著危險，一不小心還會中了體驗的毒，甚至上癮。

體驗時，最重要的就是專心，不要半途停下來冷靜觀察自己的體驗，否則就無法仔細體驗到所有的過程。

而且應該於體驗完後，再進行反省和觀察，這樣才能增長智慧。

《漂泊者及其影子》

太過冷靜的人生體驗無法獲得全部過程。

從閱讀與學習中可以提升言語的質與量。

容易詞窮的人，想法也很粗糙

平常人會將自己的想法與情感告訴別人，或是在內心思索，而且樂觀地以為能大致表現出自己的想法與想傳達的事，也以為至少能將大部分的意思傳達給對方。

然而，人總是用自己知道的詞彙表達想法。也就是說，詞彙越少，表現力就越貧乏，無法充分表達想法與感情。而且言語的質與量也決定自己的思想與內心。語彙少的人，思想與內心也很粗糙。

因此藉著跟優秀的人交談，或透過閱讀及學習，可以提升言語的質與量，自然就能豐富自己的思想與內心。

《曙光》

站得遠一點，才能客觀地看待事物

當你離開長久以來一直密切相處的某種東西時，不妨試著從遠一點的地方回顧它吧！然後，你看見了什麼？

這道理就像站在遠處看著自己從小居住的地方，你會發現究竟是位於市中心的塔樓高，還是成排的住家比較高。

《漂泊者及其影子》

只從自己的立場看事情，就像井底的青蛙。

真正的冷靜是壓抑衝動後展現的大度寬容。

克服衝動與欲望所得到的冷靜更可貴

不單是面對工作，面對任何事情時，只要冷靜沉著地應付，就能順利進行。而且冷靜分為兩種。

一種是精神活動衰弱造成的冷靜。這種人對任何事都不感興趣，總覺得事不關己，才能擺出旁觀者的冷靜態度。

另一種是克服衝動與欲望所得到的冷靜。這種人的應變能力很強，而且寬容大度，給人舒服的感覺是他們的特質。

《漂泊者及其影子》

聰明會表現在臉上與肢體動作上

養成聰明思考的習慣，臉上就會逐漸充滿智慧的光輝。不僅表情，就連肢體動作也會看起來很有智慧。在旁人眼中，你的動作和姿勢都會顯得十分洗鍊。

一個人的精神狀態會改變外在的模樣。就像充滿活力的人，走起路來很有精神，悲傷失意的人則是垂頭喪氣。

《人性的，太人性的》

一個人苦思，遠不如跟別人聊一下想法。

交談有助於思考

與人交談是件很重要的事，但不是閒聊或是客套話，而是認真地就某件事情交換意見。

藉由這樣的談話，能讓你清楚了解自己的想法，或是缺少了什麼，也能讓你看清問題的重點所在。如此一來，你腦中的想法才能具體成形。

若只是一個人苦思，拚命鑽牛角尖，不僅毫無效率可言，也得不到任何具體的結果。

因此，與人交談有助於彼此的思考更具體，更有效率。

《善惡的彼岸》

言語是壯大內心的最強武器

我們習慣用自己知道的詞彙表達想法。一旦詞窮，也就意味著我們的思維貧瘠。

知道更多的詞彙，就能擁有更多元的想法。想法越多，思考的範圍就越廣，可能性就越大。這是人生中最強的武器。

擁有豐富的詞彙，能讓你的人生道路更平順。

《曙光》

不能單憑原因與結果論斷一件事

我們總以為有因就有果。其實所謂的原因與結果，只是我們擅自認定的東西。

無論任何事物還是現象，都不是那麼單純，不是光靠原因與結果，便能輕易分析出來的，也許還存在著許多肉眼無法看到的要素。

無視於那些看不見的因素，單憑一件事情的原因與結果，便認定兩者之間存在著必然的關連性與連續性，是何等愚蠢的想法。

所以，用原因與結果了解事物的本質，只是自作聰明罷了。就算大多數人都是如此，也無法保證這樣的想法是正確的。

《曙光》

不能因為不合理就否定存在

不能因為某件事不合理，就廢止這件事。正因為不合理，才有它存在的必要。

《人性的，太人性的》

209

不合理的東西相對於合理而有了存在的必要。

能夠為舊東西找到嶄新的視角才是真正的獨創。

成為真正具有獨創性的人

少數擁有特殊的嗅覺，能發現全新事物的人，並非擁有獨創性的人。真正有獨創性的人，能將眾人認為陳舊的事物，或是眾所周知的事物，甚至是視若無睹的事物，視為嶄新的事物。

《各種意見與箴言》

放下身段，才能看得更廣更多

偶爾彎下腰，或是盡量蹲低一點，更能清楚地看見美麗的花草，以及飛舞其間的蝴蝶。

這些平常我們走路時，只是遠遠欣賞的花草蟲蝶，將會展現有別於平常的嶄新模樣，這就是小孩子每天看到的世界。

《漂泊者及其影子》

除了著眼於現實，也要看清事物的本質

只看見眼前的現實，並根據現實作出反應的人，的確很務實，感覺很可靠。

我們活在現實，當然必須針對現實作出反應，畢竟現實就是現實，不應該藐視現實。

然而，若想看清事物的本質，就不能只著眼於現實，必須效法古代哲學家柏拉圖，用敏銳的眼光，探究什麼是位於現實的另一側，最普遍、最抽象的東西。

《曙光》

有思想的人須符合三項條件

想成為有思想的人，至少要符合以下三個條件。有良好的人際關係，有閱讀的習慣，心懷熱情。缺一不可，否則就無法成為有思想的人。

《漂泊者及其影子》

坦率地表現

有兩個人在討論同一件事，一個口才很差，另一個口才很好，其中的差異並非說話技巧的問題。

口才很差的人，為了勾起聽者的興趣，表現得十分誇張，反而讓聽者嗅到他的意圖與卑賤。

口才好的人則是真的對這件事很感興趣，誠實地敘述這件事，絲毫不會矯揉造作，所以聽者感受到他的誠意，自然會運用想像力，感同身受說者對這件事的熱忱。

這道理也可以驗證在出版品，或是演員的演技，當然也能驗證我們的生活方式。

《善惡的彼岸》

X

美

über die Schönheit

人的價值在於要往哪兒去。

一旦捨棄理想與夢想，人生就會變得汙穢不堪

千萬不要捨棄理想，不要捨棄自我靈魂中的英雄。

人往高處爬，人都會有理想與夢想。絕不能讓理想與夢想成為令人懷念的過往之事，或是歸咎於年少輕狂，也絕不能放棄提升自我的機會。

一旦不知不覺地捨棄理想與夢想，便會在心裡種下嘲笑的因子，輕蔑那些成天將理想與夢想掛在嘴邊的年輕人，內心也會被埋怨與嫉妒的情緒汙染，變得汙穢不堪。力求上進的力量與克己的心，也會隨之煙消雲散。

為了讓自己活得更好，不汙衊自己的人格，絕對不能捨棄理想與夢想。

《查拉圖斯特拉如是說》

邂逅高貴的自己

某天，你會遇到高貴的自己。那是不同於平常的你，最清澄、最高貴的你，那是宛如受到恩寵的一瞬間。

請務必珍惜那一瞬間。

《人性的，太人性的》

致年輕朋友

雖然你嚮往自由的高處，但年輕的你同時也會面臨許多危險。
可是我殷切的期盼，你永遠都不會捨棄愛與希望。
永遠都不會捨棄住在你的靈魂中，那個心高氣傲的英雄。
請你永遠將希望的最頂峰，視為神聖之物。

《查拉圖斯特拉如是說》

不斷前行

最重要的價值不在於「從何而來」，而是「要往哪兒去」。榮譽就是源自於這一點。

你希望自己擁有什麼樣的未來？你想跨越現在，到達多高的境界？你想開拓什麼樣的路？又想創造什麼呢？

不要沉湎於過去，不要與不如自己的人相比，自我安慰。不要只是愉快地談論夢想而不付諸實行，不要告訴自己安於現狀。

不斷前行吧！往更高、更遠的地方前進！

《查拉圖斯特拉如是說》

善用對比手法

畫家無法單憑手中的顏料，繪出閃耀著燦爛光輝的天空。但畫家可以調整畫布上整體風景的色調，讓它比實際的天空色調暗一些，這樣就能顯得天空特別明亮。

我們應將這般技巧應用在繪畫以外的地方。

《曙光》

站在遠處觀察，就會發現事物的美好

也許我們有時候必須要有更遠闊的視野。

譬如，當你和親密友人稍微保持一點距離，獨自思念起友人時，你會發現他更多美好的地方。同樣地，離音樂遠一點，你也會感受到包藏在音樂中深深的愛。

像這樣站在遠處觀察事物，就會發現各種事物的美好。

《曙光》

懂得內斂，學會矜持

大部分的孔雀都不會在人前開屏，人們稱這是孔雀的矜持。

像孔雀這樣的動物都懂得矜持，我們人類更應該懂得內斂矜持。

《善惡的彼岸》

用自己的眼睛認識事物之美，別被知識束縛

從瑞士的日內瓦看勃朗峰四周的群山是多麼美麗，山景變化萬千。但觀光手冊上卻只寫著：「勃朗峰是最高峰，美景天成。」受到知識的影響，以至於人們的眼光只集中於勃朗峰。

這樣就無法真正用雙眼看到更多美好的事物。

所以我們要用自己的眼睛認識事物之美，別被知識束縛。

《漂泊者及其影子》

你的眼睛能辨識書上沒有敘述到的美。

向樹木學習

松樹總是筆直地矗立著，彷彿在側耳傾聽什麼。
冷杉總是堅毅地矗立著，彷彿在等待什麼。
這些樹木不慌不亂，也不心煩，總是在寂靜中靜靜地等待著，忍耐著。
我們也應該學習松樹和冷杉的態度。

《漂泊者及其影子》

感受大自然的溫柔

偶爾投向廣闊的大自然懷抱，放鬆一下吧！
大自然不但讓我們神清氣爽，也不會對我們有任何意見或埋怨。

《人性的，太人性的》

無形的奉獻

人們認為奉獻是一種值得尊敬的道德行為。像是照顧老弱婦孺，將生命置之度外，幫助他人，所以醫師、護士、急救人員和律師都是需要奉獻自我的工作。

然而仔細想想，很多工作不也是另一種形式的奉獻嗎？像是農業、漁業、搬運工，甚至是製作工藝品的人，即便是與宗教或善行全然無關，也是為了幫助別人而犧牲自我的工作，不是嗎？

更廣義地說，經過深思熟慮後的行為，不都是一種奉獻嗎？

《漂泊者及其影子》

偉大的人也是辛苦的勞動者

偉大的人不僅能提出偉大的想法，也是偉大的勞動者。因為他們專心致志於自己的工作，捨棄、慎選、竭盡心力、設法改造、調整，並一直堅持這樣的態度，只是沒讓別人看到他們辛苦的付出罷了。

《人性的，太人性的》

世上沒有不能用的人，只有不懂用人的人。

善於用人的人，很少輕易否定別人

善於用人的人，很少劈頭拒絕或否定別人。因為他們具有讓所謂人才這塊田地更加豐饒的實力。他們擁有絕佳的眼光和技能，知道該怎麼施肥。

《漂泊者及其影子》

達到老練境界的技巧

當一項技巧已經超越熟練，達到老練的境地，是什麼樣的狀態呢？

首先要做到滴水不漏，而且執行時沒有絲毫猶豫，看似粗糙，其實精準無比，毫不浪費時間。

《曙光》

超越熟練是絲毫沒有猶豫、看似簡單的動作。

如何找既美麗又有教養的對象

你想找個既美麗又有教養的對象嗎？那就得用欣賞美景的角度來看，也就是從某個角度遠眺，不要看到那個人的全部。

有些人的確十分有教養，但就像由正上方俯瞰風景般，絕對沒有美到值得被稱為絕景的程度。

《曙光》

去愛你的感覺

人們總將感覺與官能視為下流、不道德、虛偽的東西，只不過是大腦的化學反應，強迫自己遠離這些感覺。

其實我們可以去愛感覺。

感覺會根據各種程度轉換成精神上的東西，正因為人類一直以來都是將感覺藝術化，才會創造出文化。

《權力意志》

通往好事的路

所有好事都需要繞遠路，才能逐漸接近目的地。

《查拉圖斯特拉如是說》

不為人知的考驗自己，才能擁有真正的自尊心

考驗自己吧！不需要做給別人看，只有自己才知道的試煉。

譬如，在沒有人監督的地方，正直地生活；在沒有人看見的地方，依舊行禮如儀；不對自己撒謊，誠實地面對自己。

當你克服重重考驗，重新審視自我，發現自己竟是如此高尚時，你就會擁有真正的自尊心。

那將會帶給你無比的自信，也是給自己最好的獎勵。

《善惡的彼岸》

參考文獻

《人性的，太人性的》
《曙光》
《權力意志》
《愉悅的知識》
《偶像的黃昏》
《叔本華》
《善惡的彼岸》
《各種意見與箴言》
《漂泊者及其影子》
《查拉圖斯特拉如是說》等
《尼采全集》 理想社
《尼采全詩集》 秋山英夫／富岡近雄 譯 人文書院

Neo Reading 04

超譯尼采〔新版〕

超訳ニーチェの言葉

作　　者／尼采
編 譯 者／白取春彥
譯　　者／楊明綺
企劃選書／徐藍萍
責任編輯／賴曉玲、張沛然
版　　權／吳亭儀、江欣瑜
行銷業務／黃崇華、賴正祐、郭盈均、華華
總 編 輯／徐藍萍
總 經 理／彭之琬
發 行 人／何飛鵬
法律顧問／元禾法律事務所 王子文律師
出　　版／商周出版
地址：台北市南港區昆陽街16號4樓
電話：(02) 2500-7008　傳真：(02)2500-7759
E-mail：bwp.service@cite.com.tw
發　　行／英屬蓋曼群島商家庭傳媒股份有限公司城邦分公司
台北市南港區昆陽街16號5樓
書虫客服服務專線：02-2500-7718．02-2500-7719
24小時傳真服務：02-2500-1990．02-2500-1991
服務時間：週一至週五09:30-12:00．13:30-17:00
郵撥帳號：19863813　戶名：書虫股份有限公司
讀者服務信箱：service@readingclub.com.tw
城邦讀書花園：www.cite.com.tw

香港發行所／城邦（香港）出版集團有限公司
香港灣仔駱克道193號東超商業中心1樓
E-mail：hkcite@biznetvigator.com
電話：（852）25086231　傳真：（852）25789337
馬新發行所／城邦(馬新)出版集團
Cité (M) Sdn. Bhd.
41, Jalan Radin Anum, Bandar Baru Sri Petaling,
57000 Kuala Lumpur, Malaysia
電話：（603）90563833　傳真：（603）90576622
email:cite@cite.com.my

版面／版型設計／張福海
內文排版／浩瀚電腦排版公司
印　　刷／卡樂彩色製版印刷有限公司
總 經 銷／聯合發行股份有限公司
地址／新北市231新店區寶橋路235巷6弄6號2樓
電話：(02) 2917-8022　傳真：(02) 2911-0053

■2013年9月27日初版
■2023年1月31日二版
■2024年5月16日二版5刷
定價／380元
ISBN 978-626-318-555-5

國家圖書館出版品預行編目

超譯尼采／尼采著；白取春彥編譯；楊明綺譯. -- 二版. -- 臺北市：商周出版：英屬蓋曼群島商家庭傳媒股份有限公司城邦分公司發行； 2023.02
面;公分
譯自：超訳ニーチェの言葉

ISBN 978-626-318-555-5(精裝)

1.CST: 尼采(Nietzsche, Friedrich Wilhelm, 1844-1900) 2.CST: 學術思想 3.CST: 哲學

147.66 111021578